Editorial Ledoria

Desaforado amor por la palabra

CUATRO CALLES
Revista toledana de cultura para nuevos tiempos

Nº 30. TERCER TRIMESTRE DE 2024

DIRECTOR Jesús Muñoz Romero
COLABORADORES
Alejandro Vega
Ángel del Cerro
Ángel Santos Vaquero
Antonio López Ballesteros
Antonio Martín Salamanca
Consuelo Sánchez Castro
Federico Dilla
Gacriel Cruz Marcos
Manuel Esteban Santos
Mariano Martín Rodríguez
Miguel Larriba
Paco Maeso
Roberto Jiménez Silva
Santiago Sastre

Ilustración de portada: *Vista de Toledo* (1891), de Émile Friant

Ilustración de contraportada: *El Cid cruza el Tajo* (2024), de I.A. Chichicastenango
Diseño y maquetación:
Equipo de editorial Ledoria

I.S.B.N.: 978-84-19887-36-8
Depósito Legal: TO-225-2024

© De la edición: Editorial LEDORIA
* C/ Fuente del Moro, n. 6, Toledo
* C/ Conde de Casal, núm. 47
Las Ventas con Peña Aguilera (Toledo)
Teléfono: 925 25 13 81
Correo electrónico de contacto:
info@editorial-ledoria.com

Publicidad:
admin@editorial-ledoria.com
www.editorial-ledoria.com

SUMARIO Septiembre 2024

«Antes de decir adiós a España, estoy pensando: ¿Cuál de sus imágenes dejó las huellas más profundas en mi memoria? Creo que no es fácil contestar a esta pregunta. Pero si un visitante por España dispusiera de un solo día libre, debería decidirse por Toledo».

Alexandre Rognedov
Cartas de un yanki viajando por España (1951)

Cuando Toledo se quedó sin luz ni sonido

MIGUEL LARRIBA

Este mes de septiembre se cumplen 40 años del inicio de un proyecto que pudo haber convertido a Toledo en la primera ciudad del mundo protagonista de un espectáculo integral de luz y sonido que abarcara no sólo monumentos concretos, como por entonces ya tenían lugar en algunos países, sino la práctica totalidad de su Casco Histórico.

De la posibilidad de montar un espectáculo de este tipo se venía hablando en Toledo ya desde comienzos de los años 70 del pasado siglo. La experiencia que, con gran éxito, se había puesto en marcha en 1969 en Egipto, concretamente en la pirámide de Giza, había marcado una línea que siguieron otras iniciativas semejantes en los templos de Karnak y Luxor, en 1972, y más adelante en la acrópolis de Atenas y la ciudadela de Rhodas, en Grecia; Los Inválidos, el castillo de Chenoceaux o la villa de Bagate

lle, en Francia, etc. En todos los casos, se trataba de utilizar edificios emblemáticos para proyectar sobre ellos juegos de luces y efectos especiales con alta especialización técnica, mezcla de medios cinematográficos, teatrales y audiovisuales, a través de los cuales el espectador tenía la impresión de revivir pasados acontecimientos históricos de esos lugares, generando con ello el interés cultural y la promoción turística.

El creciente éxito de estos espectáculos no pasó desapercibido en Toledo, que pronto vio ahí una oportunidad interesante para ampliar la oferta turística que en aquellos momentos padecía un considerable desequilibrio: mientras la afluencia de visitantes era muy numerosa por la mañana y primeras horas de la tarde, decaía hasta prácticamente desaparecer en las horas finales y especialmente llegada la noche. A lo largo del día, los turistas se limi-

taban a hacer un recorrido por los principales monumentos, finalizado el cual abandonaban la ciudad por falta de alicientes en las horas nocturnas. Esto lo constataban de manera muy evidente los negocios hosteleros, donde la demanda de almuerzos era considerable, pero la de cenas resultaba casi inexistente.

El Casco Histórico de Toledo, por su especial configuración (aparte de su inmenso valor histórico, artístico y cultural), presentaba en sí mismo un escenario difícilmente igualable por cualquier otra ciudad española para desarrollar un proyecto de espectáculo audiovisual de las características que ya estaban dando buenos resultados en otros lugares, pero, aunque la idea estaba presente en la mente de muchos, nadie había dado un solo paso para ponerlo en práctica. La oportunidad llegó el 27 de septiembre de 1984, con motivo de haberse elegido a Toledo como lugar de celebración del Día Mundial del Turismo. En aquella ocasión, contando con el patrocinio del Gobierno regional y la colaboración del Ayuntamiento, la primera demostración práctica se hizo realidad, si bien a escala muy básica, pues el espectáculo consistió en un juego de iluminaciones de algunos monumentos y zonas de las riberas del Tajo, acompañado de una narración y música.

A pesar del éxito logrado, la experiencia quedó un tanto diluida entre otros muchos eventos que ese mismo día, formando también parte de la celebración, se sucedieron en la ciudad, por lo que pronto cayó en el olvido. No obstante, permaneció latente en el ánimo de algunos, hasta que, tres años más tarde, a iniciativa del alcalde José Manuel Molina, se elaboró una nueva propuesta de espectáculo de las mismas características que el Ayuntamiento presentó a la Junta de Comunidades de Castilla-La Mancha, con el propósito de que ésta asumiera la financiación, mientras que la Administración local se encargaría de la explotación y el mantenimiento. La idea, no obstante, acabó siendo desestimada por el Gobierno regional, pero llevó a explorar otras opciones y, concretamente, la búsqueda de patrocinadores privados.

Fruto de las diversas gestiones llevadas a cabo en este sentido, unos meses más tarde se anunció la aparición de un grupo de empresarios japoneses interesado, y hasta llegó a hablarse de una posible inversión millonaria para acometer el proyecto. No obstante, ni la participación financiera de este grupo ni las líneas de actuación a llevar a cabo lograron tomar cuerpo, y el interés de los nipones se diluyó con la misma celeridad que parecía haber surgido de la nada. O posiblemente por eso mismo.

La primera demostración práctica se hizo realidad, si bien a escala muy básica, pues el espectáculo consistió en un juego de iluminaciones de algunos monumentos y zonas de las riberas del Tajo, con narración y música.

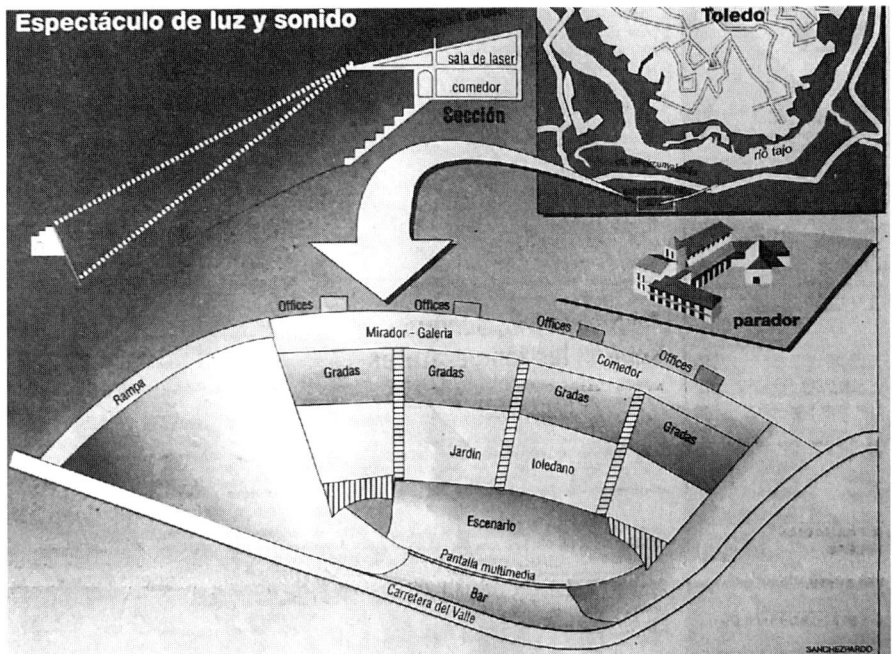

Esquema de las instalaciones proyectadas en el Valle, según infografía publicada por el diario *YA de Toledo*.

Sin embargo, y en paralelo a esta circunstancia, había surgido también un grupo de empresarios toledanos, encabezado por el entonces presidente de la Asociación de Hosteleros, Enrique Salamanca, a quienes el alcalde llegó a proponer la concesión administrativa, por cinco años, de unos terrenos municipales en el Cerro del Emperador donde habrían de construirse las instalaciones y servicios adecuados para acoger a los espectadores.

El proyecto, redactado por el arquitecto municipal Guillermo Santacruz, contemplaba la edificación de un recinto cubierto y una terraza descubierta para albergar a dos mil personas, con graderíos, jardines, restaurante, bar, un escenario y una pantalla multimedia, así como un aparcamiento con capacidad para unos 500 o 600 vehículos.

El montaje técnico precisaría una infraestructura para la iluminación artística de toda la ciudad, pantallas de vídeo gigantes, colocadas en lugares estratégicos, aparatos con rayos láser y otras técnicas audiovisuales capaces de producir una serie de efectos lumínicos y de sonido que darían mayor realce a monumentos y edificios. Entre los medios técnicos más novedosos se hablaba de cortinas de luces y de humo, combinaciones de rayos láser y espejos y una gran pantalla sobre la que se proyectarían 250 diapositivas de la ciudad que reflejarían las huellas de las tres culturas que aquí convivieron. El presupuesto económico se cifraba en 868 millones de pesetas (5.217.000 euros).

La contrapartida a esta inversión auguraba unos excelentes resultados con alrededor de 300.000 espectadores al año, cada uno de los cuales pagaría mil pesetas (6 euros) con visión plena del espectáculo y cena incluida, o 500 pesetas con una visión más reducida. Con ello se estimaban unos ingresos anuales en torno a los 480 millones de pesetas (casi 3 millones de euros) y una plantilla de personal que alcanzaría los 31 trabajadores.

El 7 de abril de 1991 se llevó a cabo en el Teatro de Rojas, abarrotado de público, la presentación, a pequeña escala, del espectáculo de luz y sonido, que suscitó juicios muy diversos, si bien quedó patente que por lo allí visto, no era posible hacerse muy bien a la idea del resultado final que se pretendía. En su edición del día siguiente, el diario

Se estimaban unos ingresos anuales de 480 millones de pesetas y una plantilla de personal que alcanzaría los 31 trabajadores.

YA de Toledo resumía la experiencia en estos términos: «*El espectáculo duró 16 minutos, amenizado con una composición musical que recogía aspectos de las tres culturas que convivieron en nuestra ciudad, mientras a su alrededor comenzaba un juego de luces con rayos láser. Cortinas de luces y de humo, combinaciones de rayos y espejos, y un águila que escapaba de los márgenes de la pantalla hacia el exterior del escenario, fueron los medios técnicos más novedosos y casi los únicos utilizados*». Todo ello llevaba a considerar que se había tratado más bien de «*un simple juego de luces, parecido a los utilizados en las discotecas, que no clarificó lo que puede ser la realización de este proyecto en el Valle*».

En el curso del acto, Enrique Salamanca anunció la creación de la empresa Luz y Sonido S. A. como promotora del proyecto, e invitó a sumarse a ella a todos aquellos inversores que pudieran estar interesados.

Sin embargo, aun existiendo una opinión generalizada bastante favorable a una iniciativa de promoción turística de estas características para nuestra ciudad, un importante obstáculo se interponía para cuestionarlo: el fuerte impacto ambiental que causaría en uno de los espacios naturales y paisajísticos más privilegiados de Toledo. Esto, unido a la falta de concreción y de informes técnicos capaces de avalar el proyecto, fueron razones de peso que dividirían a los grupos políticos municipales. El de Izquierda Unida, que adoptó la actitud más beligerante, llegó a plantear la idea de un referéndum para que los toledanos se pronunciaran al respecto, además de estudiar la presentación de un recurso ante el Parlamento Europeo.

Las alarmas suscitadas por lo que algunos calificaban como un intento de dar vía libre a la urbanización del espacio natural del Valle, llevaron a rebajar las pretensiones iniciales, y a este respecto, el alcalde intentó tranquilizar hablando de que se podría hacer un restaurante de menores dimensiones y que, en todo caso, el proyecto definitivo habría de ser aprobado por el pleno corporativo, haciendo primar siempre la protección del entor-

Montaje técnico para la demostración del espectáculo en el Valle.

La instalación que se pretendía, además de un beneficio para la ciudad, permitiría una mejor conservación de aquel espacio natural tan olvidado.

no natural sobre los intereses empresariales.

Los promotores privados, por su parte, abundarían en la misma idea, insistiendo en que la conservación del entorno iba a ser algo prioritario: «*El proyecto de la instalación respetará escrupulosamente el entorno donde ha de ubicarse, sin que éste sufra el más mínimo deterioro, es más, hoy trabajamos sobre un anteproyecto que esperamos nos dé como resultado la mejora del mismo*», se podía leer en uno de los informes previos que presentaron.

Como argumento que pretendía avalar sus buenas intenciones, los promotores privados destacaban que el deterioro que ya en esos momentos sufría el entorno del Valle, por la acumulación de suciedad y la falta de cuidados, era un hecho más que evidente y que, en todo caso, la instalación que se pretendía, además de un beneficio para la ciudad, permitiría una mejor conservación de aquel espacio natural tan olvidado.

Sorpresivamente, el 16 de mayo de 1991, a diez días de las elecciones municipales, se llevó a cabo la presentación pública del espectáculo por la empresa Luz y Sonido, que tendría continuidad en las tres fechas siguientes. La noticia fue recibida con expectación e interés en la ciudad pues, por fin, se pasaba de las palabras a los hechos y todos tendrían ocasión de comprobar, esta vez a escala real, un espectáculo de tal magnitud. Los cerros del Valle, sus entornos y accesos se verían así poblados por una multitud de curiosos dispuestos a disfrutar por fin del tan cacareado espectáculo nunca antes visto. Pero este primer ensayo, que duró 30 minutos, resultaría fallido por diversos problemas técnicos a los que se unieron las desgraciadas consecuencias de los efectos pirotécnicos preparados como apoteosis final, los cuales ocasionaron varios focos de incendios en los secos pastos de los rodaderos de la Cornisa, en la zona del Seminario y la Incurnia. Por ello, en las pruebas

Sede central de a compañía Philips en Eindhoven.

que se realizaron los siguientes días, estos efectos pirotécnicos fueron eliminados y, en consecuencia, la espectacularidad visual se vio considerablemente mermada para desencanto del numeroso público.

Según consignaría en su edición toledana el diario *Lanza*, «*los toledanos presenciaron un impro-visado montaje de luz y sonido y asistieron, incrédulos, a una demostración de eficacia por parte de los bomberos de la ciudad, que se las vieron y se las desearon para sofocar no menos de quince incendios, uno de ellos en las cercanías del seminario, que hicieron temer por la seguridad del casco histórico*

Imagen del espectáculo celebrado el 16 de mayo de 1991, publicada en el diario *YA de Toledo*.

de esta ciudad Patrimonio de la Humanidad».

Parece claro que la precipitación por presentar el espectáculo jugó en contra del mismo, pero ello no relegó el proyecto al olvido, pese a que la nueva corporación municipal, presidida por el socialista Joaquín Sánchez Garrido, mostró desde el primer momento sus reticencias para intervenir en la zona del Valle. Esto no desanimó a la iniciativa empresarial, que continuó adelante en su idea y, en marzo de 1992, se comunicaba al alcalde que se estaba gestionando con la multinacional Phillips la recuperación del espectáculo, cursando una invitación a la Corporación municipal para que llevara a cabo una visita a las instalaciones de la marca en Amsterdam y Eindhoven, donde ésta tenía sus centros de investigación, que hacían posible el desarrollo de una serie de espectáculos de tales características por diversos lugares del mundo. Así, entre el 17 y el 20 de mayo, una delegación compuesta por los concejales socialistas Mª Ángeles Calvo Cirujano y Emiliano García Page, la popular Elena Martín, el arquitecto municipal Ignacio Álvarez, el director general de Cultura de la Junta, Diego Peris, y los empresarios Enrique Salamanca y Manuel Nebot Luna, en representación de la empresa Luz y Sonido S. A., se desplazó a Holanda para tomar nota de cuantos datos y demostraciones prácticas les fueron allí mostrados.

Finalizada la visita, la expedición regresó con el compromiso de la multinacional holandesa de redactar un proyecto para Toledo en el que se respetara el entorno natural del Valle. El tema, sin embargo, tenía un inconveniente nada desdeñable: el coste para la realización de dicho proyecto era de 200 millones de pesetas (1.200.000 euros) cuya financiación resultaba complicada. Por una parte, los empresarios toledanos no estaban dispuestos a afrontar el riesgo de encargar el proyecto a Philips hasta que el Ayuntamiento no lo avalara, y éste, por su parte, se negaba a asumir ningún compromiso sin conocer primero los detalles del mismo, mientras por parte de la multinacional holandesa se dejaba claro que no se pondría manos a la obra mientras no obtuviera garantías de que cobraría lo estipulado.

En septiembre de 1993, no obstante, este círculo vicioso pareció encontrar una salida cuando Philips presentó al Ayuntamiento un prediseño que contemplaba la construcción de una sala de espectáculos y palacio de congresos, con una superficie de casi 8.000 metros cuadrados y una inversión cercana a los 3.000 millones de pesetas (18 millones de euros). El lugar previsto para la ubicación era la conocida como Vereda del Barco, entre la piedra del Rey Moro y el parador de Turismo, donde inevitablemente el impacto ambiental sería también considerable, y tal vez mucho más agresivo que el contemplado en los orígenes del proyecto. En el fondo, a nadie se le escapaba que la iniciativa propuesta iba más allá del espectáculo propiamente dicho, el cual pasaría a un segundo plano o, si se prefiere, no sería otra cosa que la excusa para desarrollar otro negocio de mayor envergadura, el

En el lugar previsto, entre la piedra del Rey Moro y el parador de Turismo, el impacto ambiental sería tal vez mucho más agresivo que el contemplado en los orígenes del proyecto.

del palacio de congresos, bien distinto del inicialmente concebido.

Por si fuera poco, los promotores de esta idea habían olvidado, por desconocimiento, un detalle determinante: los terrenos previstos para la ubicación de las nuevas instalaciones no eran de titularidad pública, sino privada, y más concretamente de dos propietarios diferentes.

Con todos estos elementos sobre la mesa, es fácil comprender que el hastío se fuera apoderando de los, en otros momentos, activos emprendedores, hasta que terminaron por tirar la toalla y olvidarse de aquella idea que, en otras circunstancias, hubiera supuesto sin duda un gran revulsivo para el negocio turístico en la ciudad.

Como se ha constatado con el paso del tiempo, este tipo de espectáculos audiovisuales han encontrado un gran arraigo en numerosísimos lugares de todo el mundo, e incluso Toledo los viene programando con cierta regularidad en algunos de sus monumentos más emblemáticos como la catedral, la puerta de Bisagra o San Juan de los Reyes. Pero aquella idea inicial, como se dijo, no se concretaba en edificios singulares, sino en todo el conjunto del Casco Histórico visible desde el Valle, y con un carácter permanente y estable. Algo tan complejo, y a la vez tan delicado, que suscitó más temores que certidumbres. Por ello, cuando se produjo el apagón definitivo, unos vieron frustrados sus sueños, otros respiraron con alivio, y todos nos quedamos con la duda de saber si verdaderamente aquella hubiera sido una idea luminosa.

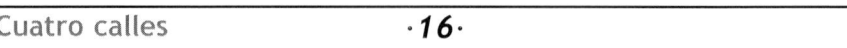

El «slogam» del Tanto Monta, Monta Tanto

ROBERTO JMÉNEZ SILVA

En muchos edificios de la Ciudad Imperial y en todos los monumentos repartidos por España que fueron patrimonio del dominio de los Reyes Católicos, don Fernando V de Aragón, —a quien los estudiosos apuntan como un hombre con un carácter, astuto, ambicioso, avaro, severo y demasiado apegado a las finanzas; también de ser odioso a la nobleza, porque se había esforzado en coartar su enorme señorío para ampliar la potestad real— y su real esposa doña Isabel I de Castilla, se encuentra un «slogam» vinculado con las armas antiguas de las dos coronas, símbolo de la unión de uno y otro que forma una parte adicional del escudo de los soberanos. Este «slogam» o «lema» está compuesto por las palabras *Tanto Monta*, y unidas a los jeroglíficos o signos de un yugo doble con sus coyundas o ataduras, símbo-lo de la primera letra del nombre de «Ysabel», y un manojo de flechas atadas por el centro y desplegadas en forma de abanico, símbolo de la inicial «F» del nombre de Fernando. Esta es la divisa constante que usaron los Reyes Católicos.

No falta este emblema en los palacios, fortalezas, templos y edificios públicos de su tiempo, y aún menos en las construcciones fomentadas por ellos, como la del convento —que no monasterio— franciscano de San Juan de los Reyes en Toledo. Pero se encuentra igualmente hasta en los muebles y utensilios de uso particular. Algunos ejemplos:

La Santa Iglesia Catedral Primada posee unos riquísimos tapices que se solían mostrar sólo durante la procesión del Corpus Christi, los cuales fueron donados por Alonso Tendilla, camarero del cardenal Cisneros en 1517, y tuvieron un coste, según la testamentaría, de 20.000 duros. Habían pertenecido antes a la cámara particular de la reina y en ellos se observa el *Tanto Monta* en forma de orla o guarnición. Desde 2014 se exhibe en el Museo de Tapices de la catedral, en el antiguo Colegio de Infantes.

Por otro lado, en la Real Armería ubicada en el Palacio Real de Madrid, considerada como una de las colecciones más importantes de su género, donde se con-

Emblemas de los Reyes Católicos en San Juan de los Reyes.

servan armas y armaduras pertenecientes a los reyes de España, se puede admirar la vaina de la espada del rey Fernando en la que se halla el mismo lema.

En definitiva, en muchos objetos y utensilios que tuvieron relación directa o indirecta con estos monarcas se observa el uso del lema *Tanto Monta*.

Pero ¿qué significan esas dos palabras y los jeroglíficos o signos que las acompañan? Algunos estudiosos han querido interpretar que el *Tanto Monta* alude a la unión de las coronas de Castilla y Aragón, dando entender que vale tanto el poder de cada uno de los monarcas como el del otro, traduciéndolo consecuentemente de esta forma: *Tanto Monta Isabel como Fernando*, de manera que el uno tiene la misma jurisdicción y predominio que el otro mediante el matrimonio, de ahí la unión de los símbolos mediante ataduras.

Pero esta opinión, la más generalizada y popular, choca frontalmente con la verdad histórica; pues si bien es cierto que la soberanía de los Reyes Católicos fue una misma y que todas las cédulas y provisiones salían encabezadas por ambos, no lo es menos que cada monarca tenía reservado el gobierno de cada reino, sobre el que obraba con

Repostero que conserva la catedral primada de Toledo

Algunos estudiosos han querido interpretar que el Tanto Monta alude a la unión de las coronas de Castilla y Aragón, dando a entender que vale tanto el poder de cada uno de los monarcas como el del otro.

entera independencia del otro, habiéndose estipulado dichas reservas en los contratos matrimoniales, observados y cumplidos pormenorizadamente por ambas partes. Por lo tanto, no se puede aceptar sin más la interpretación más popular del *Tanto Monta*. Debemos buscar otra más ajustada a la verdad.

La que nos parece más natural y segura es la que el humanista Pedro Mártir de Anglería y otros autores menores dan con fundamentos aparentemente irrebatibles que vamos a resumir a continuación.

Al humanista, historiador, lexicógrafo, gramático y poeta Antonio de Nebrija, se le señala como el creador de este ingenioso «lema» del *Tanto Monta*.

Atendiendo a la feliz unión que habían tenido todas las empresas de los Reyes Católicos, y a que habían realizado el pensamiento de la liga de los reinos más importantes de España (Castilla y Aragón), sojuzgando por las buenas o por las malas a todos sus enemigos, y preparándose para acabar con el último baluarte de la morisma, reducido ya a la ciudad y vega de Granada, ocurrió que tan gloriosas hazañas eran dignas de una firma o lema que fuese unido siempre al nombre y blasones de unos príncipes a quienes la fama había de ensalzar históricamente para siempre.

Pues bien, el lema parte de una leyenda sobre Alejandro Magno cuando le presentaron el nudo gordiano, y al no poder desatarlo lo cortó con la espada diciendo: *Tanto vale cortar como desatar*. Acaso teniendo presente este relato combinó Nebrija las dos palabras, *Tanto monta*, con el jeroglífico del yugo doble con coyundas y un manojo de saetas, queriendo significar con el primero la sumisión y vasallaje voluntario de los magnates que habían depuesto las armas y su espíritu de independencia ante la severa actitud e imponente majestad de los Reyes; y dando a entender con el segundo que la fuerza de las armas había dominado al que había osado resistir.

De esta manera, el *Tanto Monta* al lado del yugo, las coyundas

El lema parte de una leyenda sobre Alejandro Magno cuando le presentaron el nudo gordiano y, al no poder desatarlo, lo cortó con la espada diciendo: Tanto vale cortar como desatar.

y las saetas, quiere decir: *Tanto Monta dominar a los enemigos e imponerles el yugo sujetándose ellos mismos de grado, como sujetarlos por la fuerza de las armas.* Este es el verdadero sentido de tan celebrada empresa.

Por su parte, el humanista, médico, historiador, biógrafo y prelado italiano Paulo Jovio, apartándose de esta opinión, supuso que fue el Rey Católico quien trajo por divisa el nudo gordiano con la mano de Alejandro Magno que lo cortó y el lema *Tanto Monta cortar como desatar.* Pero basta observar los signos de los Reyes Católicos para persuadirse de la equivocación y del error de Paulo Jovio, porque ni el yugo ni las coyundas se parecen en nada al nudo gordiano, ni éste tuvo saetas, ni se cortó con ellas, ni en el emblema se ven la mano ni la espada de Alejandro.

En prueba de que el significado que hemos dado al *Tanto Monta,* atribuido a Nebrija, es el único cierto y más aceptable, transcribimos al P. Sigüenza, quien en su *Historia de la Orden de San Jerónimo* habla de Antonio de Nebrija en estos términos: «*Este también sacó a luz la* Historia de los Reyes Católicos Fernando e Isabel, *y les hizo aquella tan acertada ayuda y grave empresa de las saetas, coyunda y yugo con el mote* Tanto Monta, *que fue ingeniosa alusión al alma y cuerpo de ellas*».

No podemos fijar con seguridad la época en que los Reyes Católicos comenzaron a usar en sus armas el célebre emblema, pero es evidente que fue antes de la conquista de Granada, y una razón histórica es que en el convento de frailes franciscanos de San Juan de los Reyes, construido con antelación a aquel notable suceso, ya que la iglesia quedo finalizada en 1495, ya se ven en las armas el yugo, coyundas, saetas y lema, pero no la granada, que se añadió después de realizada la rendición. Es por esta razón por la que creemos que Nebrija aludió en el emblema a la conquista de Navarra y a la sumisión de los magnates castellanos.

En conclusión, el «slogam» del *Tanto Monta* fue una directa afirmación de su dignidad compartida. Incluso los emblemas que adoptaron y de los que les hemos dado cuenta, parecen sutiles indicaciones psicológicas de mutuos lazos indivisibles. La reina Isabel procuró que aquel consorcio político-conyugal fuese aireado a los cuatro vientos mediante una propaganda que rayó a veces extremos anecdóticos: «*La Reina ordenó a su cronista* (jefe de su gabinete de Prensa diríamos hoy), *Hernando del Pulgar, que donde en un fecho o dicho mentase al Rey, la mentase también a ella. E como quiera que alguna vez don Hernando no lo hizo así, recibió una severa reprimenda. Ocurrió pues que, habiendo la Reina parido, y escribiendo Pulgar en qué día y hora, dijo: «[...] Parieron los Reyes nuestros señores. La Reina, maravillada de haberlos puesto en tal caso juntos, le mandó que lo quitase, más él no lo quería facer, pues que Su Alteza se lo había mandado tantas veces*».

Pensamos que esta es la idea que debe formarse del *Tanto Monta* y de los jeroglíficos que acompañan a este «slogam».

Un poema narrativo italiano y una balada alemana sobre la leyenda de Santa Casilda

GIACOMO ZANELLA
Casilda
Leyenda española

Mariano Martín Rodríguez
Traducción de Manuel Esteban Santos

La traducción se basa en la edición original siguiente: Giacomo Zanella, «Casilda», Nuove poesie, Venezia, Luciano Segre, 1878, pp. 91-110. Este poema narrativo de Giacomo Zanella (1820-1888) es uno de los escasos tratamientos italianos de cualquier leyenda toledana, y es una muestra más de la popularidad internacional de la santa toledana y de su milagro de las rosas. En la traducción, que es fiel, se ha mantenido el uso decimonónico de las mayúsculas, que tanto en toscano como en castellano estaba mucho más extendido que ahora. También se ha intentado preservar en lo posible el estilo poético del original. Cada párrafo corresponde a una estrofa del poema.

Antes de que Isabel y Fernando, valor gemelo del áureo plano, que se enorgullece de Granada, persiguiese al Musulmán hasta exiliarlo en ultramar, tenía Toledo bajo su mando bárbaro el poderoso Almenón, que del Castellano también se mostraba amigo cuanto el rencor antiguo de las dos razas lo permitía.

Única alegría y única esperanza del soberano Moro era una hija, tierna en años y de gentil semblanza, delicia y maravilla de la corte. Casilda se llamaba, y con ella vivía una amorosa y fiel nodriza de Castilla, a quien desde la cuna se dio la custodia de la muchacha.

A menudo a la niña la esclava le hablaba del Dios de los bautizados; de Jesús le hablaba y le hablaba durante horas de tantos que en el cielo por él estaban en la gloria. Se enternecía a veces y lloraba pensando en los amados campos de Castilla, las bellas catedrales, inciensos y cantos, sus pobres muertos y sus Santos.

Más frecuentemente le decía: «Hija, no son crueles los Cristianos como se dice; devotos de la patria, fieles a Dios, aman, como a su sangre, a todo infeliz. Cuando madre no tienen, vela desde el cielo por los huérfanos otra progenitora que, coronada de áureas estrellas y más bella que el alba y el Sol, María se llama».

Crecía Casilda en años y en belleza, y ya la rosa ignota en sus primeros años, si la mano paterna la acaricia, teñía de púrpura su mejilla virginal. Pero esa ciega, que trastoca y rompe toda cosa al girar su rueda, sometió a

Caminaba Casilda: era ya la hora oscura y callaban las currucas en el bosquecillo cuando, de repente, se oyó un sonido confuso como lamentos y gemidos de desconocidos.

un súbito dolor a Casilda y de llagas incurables le llenó el corazón.

Vio ir bajo tierra la dulce cara de la dilecta madre. Huérfana y sola en la casa real, la jovencita corrió con su alma a Ella, de cuya palabra consoladora a menudo le había contado la amada esclava, a Ella que consuela al sufriente huerfanito en la muerte materna, y envidió la suerte de los Cristianos.

Junto al palacio real había un jardín, rodeado de plantas, donde en bañera de mármol cae, con iris en el aire, la cristalina corriente del Tajo. Entrelaza sus estrellas el jazmín, del granado al follaje más oscuro, y las henchidas rosas de Damasco destilan el olor a la crin de las sultanas.

Por el soberbio vergel junto a los muros, tácita, en compañía de sus pensamientos, caminaba Casilda: era ya la hora oscura, y callaban las currucas en el bosquecillo; cuando de repente se oyó surgir de entre las grietas de ciertas fortificaciones ruinosas y negras un sonido confuso, como lamentos y gemidos de desconocidos.

No anduvo mucho cuando oyó languidecer a tropas de Castilla encadenadas, que luchando por la fe y su pueblo nativo habían perdido armas y banderas; y lejos de los suyos, indefensas, se-

Milagro de Santa Casilda, de Bayeu. Claustro de la catedral de Toledo.

dientas, hambrientas y prisioneras, en aquel agujero gemían, sin más esperanza que la de cambiar las cadenas por la muerte.

Palideció el rostro de la huerfanita, que daba vueltas en su pensamiento a lo dicho por la fiel viejecita acerca de los Cristianos y su afecto mutuo. Un súbito amor surge de las palabras y le inflama el pecho de santa piedad; con ceño relajado y la cabeza baja, hacia el techo real emprendió el camino.

II

La mañana siguiente, sentado ocioso el soberbio Almenón en su diván, recorría con la mirada un amuleto grabado con palabras proféticas del Corán. Cuando vio acercarse con el rostro bermejo a Casilda, que con tono sumiso y quedo le dijo, de rodillas sobre el brocado, con los ojos bajos:

«¡Padre y señor! Si la amistad de Alá te concede salir de las batallas con victoria, si bien a Cas-

Rápido quería devolver al sol a las escuadras encarceladas; y el alma había vencido ya y lloraba ya de ternura, cuando cambió el semblante y la mano llevó a la espada.

———————————

tilla y Aragón quebraste en el campo la altiva arrogancia; que sea mejor adorno para tu corona, gloria inmaculada de tus triunfos, la piedad; la piedad que absuelve al vencido, tras haber besado el polvo a tus pies.

»Junto al jardín, en celdas tenebrosas, he oído llorar, oh padre, a muchos infelices, llevados por la ira de estrellas malignas a desafiar tus armas triunfantes. Tienen esposas, tienen madres, tienen hermanas y huérfanos niños: tienen amigos fieles, prestos al rescate. A sus horribles sufrimientos pon fin y devuélveles la libertad».

Miró a su hija estupefacto el padre, y con la mente empujada por la piedad, imaginando en sus graciosas formas las formas de la querida difunta, rápido quería devolver al sol a las escuadras encarceladas; y el alma había vencido ya, y lloraba ya de ternura,

cuando cambió el semblante, y la mano llevó a la espada.

Más que la luz de sus pupilas era Casilda amada por Almenón; habría dado por ella castillos y villas, con gusto habría dado cetros y coronas; pero más querida que sus ojos y las gotas de su sangre era su fe en Mahoma, su bárbara fe en el Profeta que hacer bien a los Cristianos combate y prohíbe.

Por eso escondió las lágrimas que del fondo del pecho brotaban y, alzando la fruncida frente, prorrumpió en voces ardientes y amenazantes: «¿Y qué fatigas y afrentas me preparas, malvada? ¿Y qué furor del corazón tienes para pedir merced por un vulgo extranjero que nos es enemigo y lo es de nuestra fe?

»Raza perjura, perros malditos que abandonar al fuego o a la espada son estos abominables Cristianos tuyos que piensas devolver a sus pagos nativos. Largo de aquí, largo de aquí, si no quieres que la ira de mis manos caiga sobre tu cuerpo, abogada de los impíos; si no quieres que arroje tu lengua a los buitres».

Casilda de nuevo de rodillas cae en tierra; y ruega e insiste por la santa memoria de la madre muerta a su padre iracundo y le exhorta al perdón. Tras mucha resistencia, él no le niega la regia mano; y después de alzada, la abrazó con cariño; después de darle mil besos en los ojos, le habló así:

«Dulce hija mía, en el futuro guárdate de rogarme por esa odiada raza; mi venganza no se retrasará, no ocurrirá que salve tu cabeza. La amenaza no te parecerá falsa si piensas en los fieros versos del Corán: 'Que se extermine del mundo todo creyente que a los infieles vivir consiente'».

III

La golondrina trinaba; estaba sereno, como un zafiro, el cielo hacia poniente: despuntaba el sol y con el primer brillo a las brisas adormecidas ponía de nuevo en movimiento; éstas, volando con soplo suave entre las plantas, las flores, la hierba, la fragancia matinal repartían por todas las estancias del palacio.

Con el corazón cargado de afanoso celo, la muchacha estaba sentada en su torre cuando, para acabar con esa tristeza obstinada y oscura, dio en salir al balcón. Sintió la invitación que le hacía la naturaleza; y el gozo la alcanza, le corre por todo el cuerpo, a ninguno de los suyos manifiesto, así bajó al jardín antes de lo acostumbrado.

Escultura de Santa Casilda en el Transparente. Catedral de Toledo.

Cuentan los viejos anales de Castilla que el Ángel del perdón y del amor se transformó en mariposa y sus alas espolvoreó de insólito color dorado, de modo que por los desiertos parterres y los oscuros senderos, corriendo en deleitoso error traía a Casilda en pos de ella, que varias veces extendió la mano para atraparla, en vano.

Volaba la mariposa, con pie ligero venía detrás la jovencita; de flor en flor volaba y, nunca presa, renovaba el mismo juego, deteniéndose, cuando se la vio entrar en una escarpada y vieja parte del angosto hueco; con ojo astuto y dedos en lo alto quedó Casilda atónita y desconcertada.

Aguzó el oído, y gritos, y quejidos y sonidos de hierro al sacudirse escucha horrorizada; se le hace que ahí está la horrible prisión del padre, donde una multitud sepultada y escuálida de condes y barones castellanos, privada de esposas, madres, hermanas, no espera volver ya a ver las estrellas.

El amor invadió de nuevo el corazón de la muchacha del feroz Moro, y entrando en la casa paterna, donde no se le vedaba el tesoro, como le persuadió su tierno corazón, hizo gran acopio de víveres y oro: el oro para los guardas; a la muchedumbre dolorida llevaba el pan para saciar su hambre.

Y hete aquí que, como escolta amada y fiel, se le adelantó como por nuevo encanto, la dorada mariposa, que la guía a donde resuena el llanto de los infelices. Confía en ocultar el pan y el oro en los pliegues de su amplio manto, y ya los conocidos setos alcanzaba cuando, de pronto, se le acercó su padre.

Éste había bajado temprano el mismo día a respirar la brisa matutina y en la mejilla púdica y purpúrea de ella fijaba la intensa mirada, que no hay rosa de espinoso tallo más hermosa ni de color más encendido. «¿Qué haces», le dijo, «esperanza y vida mía, tan matutina, tan apartada?».

La virgen bajó los ojos temblorosos, colorada como la aurora en el cielo. «Padre», dijo, «el canto de la curruca me despertó esta mañana antes de tiempo; quise ver la escarcha gotear de las flores; ver el sol, que dora las montañas y refleja sus rayos en las fuentes, despertando las obras y esperanzas humanas».

Se le hace que ahí está la horrible prisión del padre, donde una multitud sepultada y escuálida de condes y barones castellanos, privada de esposas, madres, hermanas, no espera volver ya a ver las estrellas.

Sonrió el viejo padre; después seguía: «¿Y qué llevas en el borde del manto?» Por todo el cuerpo un escalofrío recorrió a la muchacha ante esa pregunta, a la cual, rogando a la Madre angélica que es segunda Madre de todos los huerfanitos, respondió: «Rosas apenas recogidas en el jardín».

El Moro dudó que las palabras de su hija fuesen sinceras; como aconseja la sospecha, lo que ocultaba en el manto quiso ver. Con brusquedad tiró del borde del manto, y hete aquí (¡tan gratas fueron las plegarias de Casilda!) que del abierto manto cayó sobre la tierra una nube de rosas.

IV

Pálida como los lirios del jardín, que solía abrevar de su mano, está la hija del viejo Sarraceno que de la almohada no levanta ya la cabeza. Tras el terror de aquella mañana fatal, oprime a la muchacha una enfermedad oculta, no puede encontrar descanso sobre las plumas y derrama su boca un río rojo.

Pálida está la muchacha; junto a ella llora el mísero padre y se desespera, aterrado al ver que se apresura la última noche de su ángel. Una tropa de médicos

Con brusquedad tiró del borde del manto, y hete aquí (¡tan gratas fueron las plegarias de Casilda!) que del abierto manto cayó sobre la tierra una nube de rosas.

se afana en aliviar a la oprimida jovencita, pero los médicos no tienen medicina que pueda sustraerla a su fin no lejano.

Almenón a los de Córdoba y Granada, después de a los de Toledo, invita a la corte; pero de los primeros fue la obra ingrata, de los segundos no fue mejor la ayuda. Exhausta de sangre, inmóvil y descolorida yace Casilda al final de la vida; el viejo padre la llama por su nombre y con manos convulsas entre los cabellos, gritaba:

«Mi reino, mis tesoros a quien devuelva la salud a mi hija», mas no sirven los sudores del arte, ni hay quien tome el reino y el tesoro. El odio mortal que inflamó a Castellanos y Moros durante tan largo tiempo calló en el corazón del padre afligido y a Fernando mandó este escrito: «¡Se muere mi hija! Si hay alguien en tu reino que la sustraiga de la

V

Santa Casilda, por Zurbarán.

Por los reinos de Castilla y de León suena la trompa y corre un bando que decía a las gentes cómo Almenón, amigo de Fernando, su reino y sus tesoros en recompensa dará al hombre que evite el miserable fin de su hija, con la promesa que tendrá como mujer a la sanada misma.

Escribieron ilustres plumas de Castilla que un médico nativo de Palestina vino ante el buen rey Fernando ofreciendo su rara medicina. El juicioso discurso de aquel hombre lleno de gracia y de doctrina, la mirada, el rostro plácido y tranquilo pluguieron al rey, que lo envió a Almenón.

Apenas hubo puesto la mano el médico venido de Judea sobre la frente de la muchacha, cuando cesó la crecida de sangre que rompía en su pecho; cesó la fiebre y florida y serena, Casilda, como en los días en que solía abandonarse al salto y la danza, dejó las mantas y la dolorosa habitación.

inminente muerte, con pie veloz, sin freno, haz que venga rápido a mi corte. Tendrá mi reino y mis tesoros, pequeña señal de mi amor; y como consorte, cuando a tal precio quiera alegrar el ceño paterno, le daré a mi hija».

«Toma mi reino, mis tesoros tuyos son», gritaba el rey, entre atónito y jovial; pero el extranjero dijo: «Mi reino no es de este mundo». «Mi mayor tesoro te doy, un tesoro que ni par ni segundo tendrá la tierra, a mi hija te entrego», y el extranjero hizo signo de aceptar.

Extendió el médico la mano a Casilda, señalando un monte al norte: «No lejos de esas cumbres nevadas brote», le dijo, «una fuente a tu salud». Tocaron al día siguiente suelo cristiano; la jovencita volvía la frente, suspirando, a sus reinos, y el amable médico de Judea tenía al lado.

VI

Caminaban alegres los peregrinos en tierra cristiana; habían dejado ya atrás el Tajo cuando sus pasos los llevaron a la orilla de un lago azul. El desconocido quitó de los cabellos de la mujer el hermoso turbante cuajado de muchas perlas. Luego saca agua de la límpida onda con la mano chorreante.

Grave, como un hombre acostumbrado a los santos oficios, «del Padre», dijo, «y del Hijo en el nombre y del Espíritu Santo yo te bautizo», y así diciendo bañó la cabellera. Casilda sintió correr un río de dulzura por medio del corazón, como gozan en paz y risa sempiterna las almas bienaventuradas en el paraíso.

Se arrodilla Casilda y a la pura bóveda celeste, que ninguna nube empaña, alza los ojos y oye un

Se arrodilla Casilda y a la pura bóveda celeste, que ninguna nube empaña, alza los ojos y oye un concierto de festivos hosanna.

concierto de festivos hosanna que corre por el aire. Entonces se gira a mirar en derredor; ve, y no la engaña vana visión, a su médico y esposo, que en el velo de una nube blanca asciende lentamente al cielo.

«¿Quién eres, quién eres, señor?», sonaron las voces lagrimosas de la mujer, y una voz decía: «Soy el divino Amor, que a sus esposas en recompensa la cruz otorga. Quien por mí a esposa y madre puso en olvido, quien, sordo a llantos contra sí feroces, dio la espalda a la casa paterna, tendrá la vida eterna como merced mía».

A la orilla del lago, llamado de san Vicente, cerca de Briviesca, una ermita hay de antigua fama que anuncia de lejos un ciprés. Una vida solitaria y austera allí vivió Casilda, de quien ahora España presume de custodiar sus castos restos, y la honra con el título de Santa.

LUDWIG UHLAND
Casilda
Leyenda española

Traducción de Mariano Martín Rodríguez

La traducción de esta balada alemana de Ludwig Uhland (1787-1862), publicada por primera vez en 1811, se basa en el texto de su reedición en la antología siguiente de leyendas hagiográficas: «Casilde», Legenden. Heiligengeschichten von Altertum bis zur Gegenwart, herausgegeben von Hans-Peter Ecker, Stuttgart, Philipp Reclam jun., 1999, p. 245.

La hija del rey moro, Casilda, se apresuraba temerosa por el patio; llevaba en el cesto vino y pan a los cristianos cautivos.

Aldemón, el rey moro, estaba a la puerta del palacio:

—¡Alto, hija mía! ¿Adónde vas tan presurosa con el cesto tan bien tapado? ¿Todavía llevas a los perros cristianos vino y pan cada tarde, sin pensar que tu padre sobre ello impuso muerte amarga?

Y, ruborizándose, habla Casilda:

—Ah, no es vino y pan, son rosas, recién cogidas, con las que hacerme una guirnalda.

—Son rosas, recién cogidas —dice el rey Aldemón—. ¡Descúbremelas, que me recree en su perfume!

Y el rey destapa el cesto de la medrosa doncella, y el cesto rebosa de rosas, de rosas frescas, blancas y rojas.

«*Toledo es remanso de paz y tranquilidad, es el mayor sedante para los espíritus quebrantados y enardecidos, y basta que sepa pregonar por doquier lo que tiene y posee para que ocupe el preeminente lugar que en el turismo mundial le corresponde.*

La visita a Toledo es algo grande, algo insólito, y las direcciones de las grandes compañías de turismo cometen un gran crimen llevando a las masas de turistas que les confían la direción de sus visitas o viajes a través de los monumentos y calles toledanas con la misma vertiginosa rapidez que pudieran hacerlo a través del Sahara».

▬ ▬

Artículo de S. A. G. en el n° 6 de la revista *Viajes por España*. 1929

▬ ▬

LUIS RODRÍGUEZ BAUSÁ

«Cada día alguien crea alguna nueva leyenda en Toledo»

SANTIAGO SASTRE

—*Háblame de tus padres. Sé de la importancia de la fotografía en tu casa, en alusión a tu padre. ¿Cómo afectó eso a tu formación?*

—Respecto a lo que preguntas de la fotografía, me da coraje no haber sido consciente de la importancia del archivo de los Rodríguez hasta ser adulto. No obstante, la trastienda de fotografía la recuerdo siempre llena de gente en animada conversación con mis abuelos, mis tíos y mis padres. Con el tiempo descubría que en muchos casos eran gente del mundo de la cultura de aquella época (directoras de museos, eruditos locales, etc). Insisto en que nunca valoré demasiado la profesión de mi familia hasta hace poco tiempo. Una lástima no haberme dado cuenta antes.

—*Háblame un poco del barrio toledano en el que creciste y cómo fue tu infancia.*

—Mis padres eran absolutamente maravillosos. A pesar de la diferencia de edad entre ellos se tenían un amor inmenso que transmitían a sus hijos. La pena es que muriesen demasiado jóvenes. La muerte de mi madre nos pilló a mis hermanos y a mí en plena adolescencia. Fue muy duro, pero su recuerdo permanente compensa el dolor de alguna manera.

»Mientras fuimos niños vivimos en diferentes casas. Tengo recuerdos también por las imágenes grabadas en tomavistas de nuestra casa en el callejón de San Miguel de los Ángeles, en Recoletos... pero, sobre todo, de la calle Ancha, encima de la fotografía, que era un balcón privilegiado para asomarse a la vida toledana y a las procesiones. Con total rotundidad puedo decir que mi infancia fue tremenda y completamente feliz. Eso es mérito de mis padres y se lo agradeceré siempre.

—*¿Qué te inclinó a hacer Magisterio?*

—Supongo que dos factores fueron decisivos. El recuerdo de mis maestros del colegio, de los que también guardo un maravilloso recuerdo y que siempre quise imi-tar, y la convicción de que a través de la educación se podían cambiar muchas cosas y conseguir un mundo más justo. Quizás sea un ingenuo, pero tantos años después sigo pensando lo mismo.

—*¿Cómo fue tu experiencia trabajando en la universidad? No sé si llegaste a trabajar en algún colegio.*

—La universidad también fue un periodo extraordinario. Tú sabes bien, ya que eres colega de profesión, que exige mucho pero es

> **«Yo pongo en la justa balanza las cosas que no son posibles, y por tanto no creo en ellas, con otras que entiendo que hoy en día no son explicables pero que posiblemente lo sean a la vuelta de una década».**

muy gratificante. Contribuir, aunque fuera de manera humilde, en la formación de los futuros maestros, y más en el campo de la educación especial, siempre me pareció un reto fascinante. Sólo tengo palabras de agradecimiento para la Universidad de Castilla-La Mancha. En relación a los colegios, trabajé en bastantes, pero casi siempre en centros educativos de países en vías de desarrollo, y de esta suerte di clases en Dominicana, Nicaragua, Marruecos, Bolivia, Guatemala... En Toledo fui maestro, entre otros lugares, de un colegio de Talavera (una cooperativa) pero pronto me liberó un sindicato. Eran años difíciles en los que se aprobaban leyes educativas nefastas y necesitaban pedagogos que pudieran llevar a cabo acción sindical potente y comprometida. Fueron años complicados, pero tremendamente satisfactorios desde el punto de vista profesional.

—*¿Cómo se compagina la visión del historiador, apoyado en el suelo de sus datos, con la labor del investigador que se apoya en creencias y en aspectos que más allá de lo que nos dice la ciencia?*

—Pues en mi caso con total naturalidad. Los ultraortodoxos, incapaces de aceptar nada que se salga de sus rígidos esquemas y postulados mentales, me dan lástima. Con gente así la ciencia no hubiera avanzado y seguiríamos en la Edad Media. Sin embargo, he de decir que aunque muchos temas que entran de lleno en lo que podríamos llamar la heterodoxia, la disidencia, lo hermético o lo inexplicable, me resultan atractivos intelectualmente hablando, no soy ningún ingenuo. Yo pongo en la justa balanza las cosas que no son posibles, y por tanto no creo en ellas, con otras que entiendo que hoy en día no son explicables pero que posiblemente lo sean a la vuelta de una década. Por resumir, creo que mantengo un correcto equilibrio entre creencias, ciencia, fe, imposibles y conocimiento.

—Me gustaría que me hablaras del papel que han tenido los templarios en Toledo.

—En la ciudad prácticamente ninguno. Son poquísimos los datos que se tienen de ellos aquí en la urbe, y de manera similar sus restos brillan por su ausencia, ya que más allá de los años en que dispusieron del castillo de San Servando, la iglesia de San Miguel y la llamada casa del Temple, poco más se puede vincular a la orden, aunque hay otros enclaves que seguramente algún día se podrán vincular a los freires. En la provincia ya es otra cosa. Se les puede rastrear fundamentalmente en la comarca de los Montes de Toledo, pero también en Villalba, Cebolla, Yuncos, etc. Estos lugares darían para mucho más.

—Si te preguntara por tu leyenda toledana favorita, ¿con cuál te quedarías y por qué? ¿Crees que es posible aumentar el número de leyendas o ya se debe considerar como una lista cerrada?

—Difícil pregunta. Me encantan una docena de ellas. Por elegir alguna, me llama mucho la curiosidad la conocida como *La redoma fantástica o la doble muerte de Enrique de Villena*. En ella,

Con el director de cine Alex de la Iglesia.

se conjugan temas de mi interés como el mundo alquímico, lo mágico, la historia o la literatura, no en vano de este personaje se ocuparon la mayor parte de nuestros literatos del Siglo de Oro.

»En cuanto a si es una lista cerrada, en modo alguno. Cada día alguien crea alguna nueva que pasara a formar parte del mundo legendario de la ciudad. Sin ir más lejos, se acaba de celebrar un certamen de leyendas de la Asociación de Libreros de Toledo que hará que diez nuevos relatos se incorporen a la extensa lista de leyendas de la ciudad

—*Hace poco has participado en un volumen sobre fantasmas en Toledo. Me gustaría preguntarte por cuál es el fantasma que más te ha impresionado.*

—Te sorprendería saber cuánta gente me para por la calle para contarme las experiencias paranormales que acontecen en sus casas y en edificios públicos. Los fantasmas, ingrávidos y espectros he de reconocer que me llaman mucho la atención, pero soy terriblemente escéptico con muchos de ellos. Sin embargo, por la cantidad de testigos que entrevistamos (éste del que hablo mereció salir en un conocido programa de misterio de la televisión), por la sinceridad de quien nos lo contaba, por lo potente de sus testimonios, etc, he de decir que el fantasma de La Abadía (Joshua) no deja de intrigarme, porque además sigue haciendo de las suyas.

—*Tengo curiosidad en saber si investigando estos temas te ha sucedido alguna vez alguna experiencia paranormal, o algo que te haya impresionado especialmente que ratifique tu apuesta por este Toledo que se alza más allá de lo que vemos a través de los sentidos.*

—Tan sólo una vez me he visto envuelto en una experiencia paranormal, pero me temo que no puedo hablar de ello por respeto a otras personas que también lo presenciaron y a quienes prometí no desvelarlo. Lo siento.

—*Recientemente has publicado un libro sobre momias, em-*

«*Los fantasmas, ingrávidos y espectros he de reconocer que me llaman mucho la atención, pero soy terriblemente escéptico con muchos de ellos*».

En la presentación de su libro *Toledo de tinieblas*», junto al editor de Ledoria, Jesús Muñoz y el alcalde de Toledo, Carlos Velázquez.

paredadas y cementerios. El libro tiene muchas citas explícitas que dificultan a veces seguir el hilo de la narración. Me gustaría preguntarte por tu actitud ante la muerte. Cómo ves las relaciones entre la vida y la muerte. ¿La muerte te lleva a creer en algún tipo de más allá?

—Verás, yo intento ser fiel a dos de aquellos adagios que cito en el libro. Concretamente a aquel que dice que «lo malo no es morirse sino hacerlo sin haber vivido», y aquel otro que sostiene que «la vida no vivida es una enfermedad de la que uno se puede morir». No quiero que se me escape la vida y menos aún entre tonterías que no aportan nada. Lennon decía que «la vida es eso que transcurre mientras estamos muy ocupados haciendo cosas». No quiero que tal dislate me pase a mí.

—*Me gustaría que me dieras tu visión sobre el Toledo que tenemos. Qué cambiarías, cómo ha evolucionado, en qué debe mejorar. Como toledano, qué visión tienes de tu ciudad. Me refiero a temas como el río, el circo romano, el POM, la masi-ficación del turismo, el papel de los museos, etc.*

—Me temo que poco puedo aportar sobre estas cuestiones a las que haces referencia porque no tengo claro algunas de ellas y porque soy poco amigo de dar consejos, y menos a quienes tienen la responsabilidad de hacer que esta ciudad avance. Lo que tengo claro es que al planteamiento de turismo que visita la ciudad debemos darle una vuelta si no queremos que nos estalle en la cara y la turismofobia se apodere de los vecinos. Hay que ir hacia modelos de turismo más racionales, diversificados y sostenibles. En este sentido el turismo del misterio tiene mucho que aportar.

—*Por último, ¿cómo ves la tarea del guía? ¿Crees que se debería valorar mucho más su papel? ¿Qué problemática encuentras en esta función tan importante de cara a quienes nos visitan?*

—Los y las guías de turismo no somos más que una pieza del engranaje que mueve el turismo de

«*Hay que ir hacia modelos de turismo más racionales, diversificados y sostenibles*».

las ciudades. Lo importante es que quien se dedique a esto caiga en la cuenta de que es una profesión que obliga a estar permanentemente al día de lo que los historiadores, arqueólogos investigadores y eruditos van descubriendo. Si no, pasará lo que sucede en la actualidad, que algunos guías se limitan a contar, con mejor o peor acierto, lo poco que han leído en algún libro, cuestiones que en muchas ocasiones ya no se dan por válidas. En este sentido, quiero reivindicar nuestro modelo, el de Rutas de Toledo, en el que todos los que participamos, además de ser guías titulados, somos o bien profesores, o académicos, o titulados en turismo o en historia. Es decir, gente con una formación seria y rigurosa y en continua formación y reciclaje.

«¡Este no es Ortega!»

El filósofo José Ortega y Gasset era un apasionado admirador de Toledo, ciudad que visitaba cada vez que tenía oportunidad de hacerlo, aprovechando también la amistad que le unía con el doctor Gregorio Marañón, propietario, como es sabido, de un espléndido cigarral.

Fue precisamente Ortega quien hizo posible la venida de Albert Einstein a Toledo, el 6 de marzo de 1923. Se da la circunstancia de que las únicas fotografías que se conservan de la visita del afamado científico alemán a España, son las que fueron tomadas ese día en nuestra ciudad.

Ortega y Gasset era también un gran aficionado a los toros y solía acudir a las corridas del Corpus. En una de ellas protagonizó, sin pretenderlo, una graciosa anécdota que prueba la gran popularidad de que gozaba. La narró, muchos años más tarde, su hija Soledad, quien aquella tarde, siendo una niña, le acompañaba en el coso toledano. En el cartel figuraba el célebre matador Domingo Ortega, entoces en la cúspide de su carrera, quien cuajó una soberbia faena y desató el entusiasmo del público que le tributó una gran ovación puesto en pie. Entonces, desde una de las localidades más altas del graderío, un espectador gritó a pleno pulmón: «¡Este no es Ortega, es Ortega y Gasset!»

Las Nambrocas

GABRIEL CRUZ MARCOS

La historia no es muy precisa al relacionar los años o momentos en que se forman las poblaciones, tampoco al nombrarlas. Nambroca no podía ser una excepción. La mayoría de los historiadores se limitan a la dominación árabe, pero el nombre nada tiene que ver con esto, ya que la palabra «Nambroca» o «Nomnocha» ya existía cuando los árabes llegaron a la península. Basándome en mi simple lógica concluyo que el nombre de las Nambrocas siempre estuvo relacionado con la orografía del terreno, esto es, las dos hiladas de sierras que se encuentran al sur del término municipal.

En documentos antiguos observé un plano geodésico de la provincia de Toledo y me detuve en el término de Nambroca. Me llamó la atención que las dos hiladas de cerros se nombraban como «Sierra las Nambrocas», por lo tanto, pienso que muchos se confunden y buscan un doble poblado que justifique el nombre que tuvo la antigua población.

Durante los nuevos repoblamientos que tuvieron lugar después de la reconquista por parte de los reyes cristianos, existen referencias y datos, pero son periodos cortos en los que resulta difícil establecer su existencia como núcleo urbano. Entre ellos se encuentran Mochares, Montalbanejo (que fue un barrio de Toledo), Dietma, Las Casillas (que más tarde se convirtieron en dehesas como Oria e Inesa), y otras absorbidas por las principales poblaciones limítrofes.

También se ha relacionado el nombre con dos barrios que tuvo Toledo y otras explicaciones similares, pero, en mi opinión, el nombre de Nambroca proviene de esas dos hileras de sierras nombradas, visibles a gran distancia, no sólo desde la provincia de Toledo, también desde Madrid, Ávila y Ciudad Real.

Antiguamente, las formaciones geográficas eran las únicas referencias disponibles, ya que no existían GPS u otros medios que permitieran calcular distancias con la precisión de hoy en día. La visibilidad era importante para estimar el tiempo y la distancia, así como para otros cálculos de nivelación y mediciones a lo largo de la historia.

Las Nambrocas, como otras sierras ubicadas en el centro peninsular, o como el cerro de Layos (1.080 m), y la agrupación de cerros del Buen Vecino con el de La Cruz (827 m), donde está ubicado el castillo en Almonacid de Toledo, han sido de gran relevancia en todas las épocas históricas. Fueron una buena referencia para indicar, tanto a amigos como a enemigos, su proximidad a la capital del reino.

Toledo, debido a su ubicación, ha sido históricamente deseada en su conquista, de manera que Nambroca, al igual que otros pueblos cercanos a la capital, ha sido un pueblo fronterizo, tanto en la defensa como en el ataque.

Por otro lado, en Nambroca, debido a la incultura que lamentablemente ha predominado siempre, muchas de sus casas solariegas, blasonadas de apellidos ilustres, han caído en ruinas por la división e intereses de cada vecino. Sin embargo, algunas siguen conservando la memoria de tiempos pasados.

Quiero ahora dar referencias de los primeros nambroqueños. De asentamientos humanos primitivos quedan pocas huellas, y éstas apenas se aprecian a simple vista. Se requiere un tiempo para que vayan apareciendo las alineaciones y círculos que forman las piedras que indican los senderos que pueblan una gran zona del montículo. Existen unas marcas muy similares a los trazados de los castros celtas hechas por los carpetanos (también denominados carpesios), uno de los pueblos prerromanos que habitaron la península Ibérica. Se trataba de un pueblo de filiación céltica de finales de la Edad del Bronce

Las Nambrocas fueron una buena referencia para indicar, tanto a amigos como a enemigos, su proximidad a la capital del reino.

que poblaron el centro norte y oeste peninsular, ubicándose concretamente en la meseta sur, un área con sustrato mayoritariamente indoeuropeo. Su situación cerca de los territorios iberos posibilitó que recibieran influencias culturales de estos, lo que ha llevado a la historiografía a polémicas sobre su adscripción.

Construían sus poblados en zonas elevadas para evitar ataques por sorpresa. El poblado lo conformaban unas chozas circulares que, entiendo, su construcción estaba hecha de ramas, juncos y paja para protegerla de los vientos y la lluvia, de ahí que sólo han quedado las piedras a ras de suelo. En el interior era típico el caldero con agua que colgaba del techo. Debajo de éste se man-

tenía siempre una hoguera encendida para mantener caliente el habitáculo. Ellos debieron de ser los primeros pobladores de Nambroca y de toda esta parte de sierra, y ellos darían también este nombre a la zona.

Los ambrones son otro pueblo centroeuropeo que, junto a tribus cimbrias, invadió la meseta central entre los siglos IX-VIII a. C. Luego, los ambrones se diseminaron y mezclaron con otros pueblos de origen celta, aunque su impronta ha quedado reflejada en topónimos modernos como Ambrona (Soria), Hambrón (Salamanca) y Ambros (La Coruña). El prefijo «amb-», de «ambrones», denomina a muchas tribus celtas y los datos documentados de yacimientos primitivos similares en la zona centro asciende a varios cientos.

Femando Jiménez de Gregorio cita en el poblamiento de la comarca núcleos que pueden fijarse desde el Calcolítico y que en su toponimia conservan alusiones a este antiquísimo poblamiento prerromano. Son núcleos como Alpuébrega, antropónimo celta referido a un Alpón (en nuestro caso sería castillo de Alpón); Argés, de origen tartésico, con el significado de «blanquecino, plateado»; Bogas, de buda o muga «hito, límite», un ibero-vasquismo, con el sentido de límite, que vendría de la frontera natural que hace el rií Algodor; Peña Camarena, del antropónimo celta Camarus; Nambroca, que dice que es ligur, gentilicio de Ambrones, Ambroni, «pueblo llegado a la Península por el Pirineo»; Totanés, del céltico Touta, «Pueblo».

Asimismo, dice Jiménez de Gregorio que «el paisaje en esta tierra alta, amesetada, de suelo horizontal y despejado, en contraste se levantan las verticales gibas peladas de la Sierra de Las Nambrocas, las cimas oscuras o azuladas de los cerros. [...] Nambroca, llamada también, en el siglo XVI, Las Ambrocas». Este término nos ayuda a relacionarlo con los am-

Marcas de antiguos poblados que existieron en la zona.

brones, el pueblo de origen germánico del que hemos hablado.

Por otro lado, el médico cirujano Juan Moraleda y Esteban, nacido en Orgaz, se estrenó como médico en 1880 en Nambroca. Estaba vinculado familiarmente con la familia Cervantes —vecinos actuales—, y en sus memorias cita un pasaje sobre una costumbre que tenían los jóvenes de la localidad de correr la liebre a caballo por las nambrocas, refiriéndose a las sierras.

En fin, todas mis referencias sobre el nombre de Nambroca se basan en estos datos. Descarto todo lo descrito por otros historiadores pero lo respeto.

Las Nambrocas, en fin, dos ondulantes líneas de cumbres de diferentes alturas, situadas en su mayor parte al sur del término de la localidad homónima, que transcurren desde el arroyo Guazalete hasta el arroyo de la Rosa. Estas sierras han sido testigos de la historia y conforman la geografía de la comarca a la que pertenecen.

Una mina abierta de triturados de piedra está transformando irremediablemente los cerros que componen la sierra, de manera que para completar el recorrido imaginado por estas cresterías de mis queridas sierras, quiero citar sus puntos más característicos.

Dos ondulantes líneas de cumbres de diferentes alturas, situadas en su mayor parte al sur del término de la localidad homónima.

Primero destaco el cerro de la Pinilla (de 760 m), luego comenzamos el ascenso a la primera hilada por el cerro del Hierro (de 880 m); le sigue el cerro más alto, el de la Oliva (901 m), que marca los límites de los términos de Villaminaya y Almonacid. Ya en término de Nambroca viene un larguísimo collado en la sierra de la Oliva (de entre 800 y 838), que incluye los cerros de San Cristóbal y la Cocinilla, donde termina la primera alineación, de unos dos kilómetros de largo. En ella fueron ubicados cinco aerogeneradores con turbinas eólicas conectadas a la red eléctrica.

El posible cambio de nombre de toda esta hilada a Sierra de la Oliva se hizo por la ermita dedicada a la Virgen del mismo nombre a partir de los relatos que narran la aparición de la Virgen a un pastor. La ermita está ubicada en la parte baja de la sierra en el término de Almonacid.

Panorámicas de las caras norte y sur de las Nambrocas.

Tiene muy buen acceso, con camino asfaltado. Cuenta la leyenda que en el huerto de la ermita existía un olivo con las hojas del revés en la cual se apareció la Virgen. Este milagro fue narrado pictóricamente en 1689, al temple, por Alonso del Arco, y son los únicos frescos que se conocen de este pintor madrileño del Barroco. Están situados en el ábside y el camarín de la Virgen. Recientemente se han restaurado y lucen maravillosamente (recomiendo su visita).

Seguimos con la segunda alineación. Una vega llamada el Hondo divide las dos alineaciones, y entre ambas se forma un arroyo con el nombre de Ramabujas. Se siguen manteniendo los manantiales y sus aguas se recogen en el pozo San Cristóbal, también llamado de Diezma, como el arroyo que igualmente lo alimenta. Este lugar estaba en el trazado del camino real de Sevilla, célebre al citarlo Cervantes en el *Quijote*. Este paso también vería pasar las cuerdas o cadenas de galeotes que entre 1566 y 1799 fueron sentenciados a las minas de azogue de Almadén (las llamadas galeras de tierra). También es posible que los monjes trinitarios pasaran por esta zona, hace cuatrocientos años, camino de Argel para pagar el rescate del in-

mortal escritor. Para los fastos del año 2005 se acondicionó el camino, se hizo un merendero y se arreglaron el pozo y el abrevadero de los animales.

Seguimos el paseo comenzando de nuevo la subida al pequeño cerro del Hinojal y al collado de sierra la intermedia, donde se encuentran las muestras de los asentamientos humanos anteriormente narrados.

Llegamos a la cuarta altura en el conjunto del pico Injértales, que parece más alto al destacarse en solitario, dominante con sus 911 m. Bajamos al Portachuelo, que da nombre a las dos alturas que lo flanquean, una colina de 871 m a la izquierda y otra a la derecha, a la que la sigue un collado, también llamado cerro Gordo (de 920 m, la tercera altura). A continuación tenemos el pico más alto, Marica, de 944 m, con su vértice geodésico y una estación con antena. Existen aquí

Es posible que los monjes trinitarios pasaran por esta zona, hace cuatrocientos años, camino de Argel para pagar el rescate de Miguel de Cervantes.

unas cuevas en unas trincheras de la guerra civil, que se extienden al siguiente cerro: Depedro, la segunda altura (de 929 m), que marca los términos de Ajofrín y Burguillos. Sigue otro alargado collado de sierra que se eleva a 866 m y remata la línea de cumbres. Tras un portillo o abra termina en el cerro Mamelón (de 838 m), también llamado cerro Gordo, que casi se desprende de esta alineación de algo más de tres kilómetros de largo.

El final de esta sierra está ya próximo a la carretera nacional 401 y da pie al arroyo de la Rosa, que desemboca en el Tajo.

Santa Marciana, patrona de Toledo y custodia de la Puerta de Oriente

Mª CONSUELO SÁNCHEZ-CASTRO DÍAZ-GUERRA

FEDERICO DILLA MAÑAS

El antiguo Santoral de la Santa Iglesia Católica de Toledo, conocido vulgarmente por el *Smaragdino*, debido a su semejanza con el color verde de la víbora cornuda Esmeralda (*Ophryacus smaragdinus*), cuenta la historia de esta patrona de Toledo, casi desconocida para la mayoría de toledanos, Santa Marciana, a la que se confunde con otras diez Santas Marcianas repartidas por el mundo, en especial Santa Marciana de Mauritania, que murió más de un siglo después que la toledana.

Santa Marciana conmemora su martirio el 12 de julio. Nació en Galicia junto con ocho hermanas, todas de un parto, y se crio dentro de la Ley Cristiana. Sus progenitores fueron calificados de sangre, es decir, dentro de la nobleza y llenos de riquezas materiales. Fue hija de Lucio Catelio Suero, cónsul y régulo de Braga Augusta, desde donde gobernó para los romanos las provincias de Lusitania y Galicia, y de Calsia, noble descendiente del emperador Juliano I.

El matrimonio se ajustaba convenientemente a las leyes vigentes en aquella época, al punto de que Calsia intentó encubrir el parto por considerarlo ignominioso y pedir a su comadrona que arrojase al río a sus hijos recién nacidos, pero el destino quiso que ésta, de nombre Sila, con origen egipcio pero de religión católica, la convenciera de que su parto múltiple no era una desgracia sino un deseo de Dios. De este modo, ambas decidieron repartir a las hermanas entre mujeres cristianas afines a la familia. Como dicen los escritos, «*con mujeres cristianas que vivían en los arrabales de la ciudad, en barrios y habitación de solo católicos*».

Favoreció tal decisión el hecho que Daciano el Asirio, como es nombrado en los escritos antiguos, o Taciano el Sirio, como actualmente se le conoce, escritor cristiano del siglo II, discípulo de san Justino y fundador del encratismo, testificara «*haber conocido dos mujeres que juntas habían dado a luz a treinta*», confirmando la posibilidad real de haber dado a luz a nueve niñas.

Finalmente fueron bautizadas con los nombres de Genibera, Victoria, Eumelia, Gemma o Marina, Marciana, Germana, Basilia, Quiteria y Liberata o Vaelgefortis. La vida de las hermanas estaba consagrada a la virginidad y a Dios, y las enseñanzas católicas de las familias de acogida fueron supervisadas por el obispo bracarense.

Pero comenzaron las persecuciones religiosas con la promulgación de edictos que exigían adorar a los dioses romanos y renunciar a Cristo o morir en el tormento. Las penas debían ser ejecutadas por los propios regidores de las provincias, lo cual obligó al padre de las nueve hermanas a que cambiaran de religión.

Ellas no claudicaron y se alegraron del gozo de ofrecerse a Dios componiendo la siguiente oración: «*Ha llegado el tiempo que tanto deseábamos. Ya ha llegado el dichoso día que nos dará alguna prenda que demos a Dios, por las muchas obras que nos ha dado, oh, Poderoso Señor, que librándonos de una cruel muerte, cuando aún no habíamos nacido a la Gracia, nos guardaste la vida temporal; suplicámosle, rendidas a tu divina preferencia, nos concedas, que por la Confesión de tu Santísimo Nombre, lleguemos a la Vida gloriosa y eterna*».

Hubo ministros cristianos execrables que tuvieron noticias de la firme resolución de las hermanas, y por complacer las órdenes del emperador y del propio regente Catelio, las denunció y las llevó ante él (su padre). La ofensa se basaba en su supuesto «*parto ignominioso*». Su padre, sin reconocerlas, al ver la hermosura de las muchachas ante él pronunció las siguientes palabras: «*No dudo de que hayáis nacido con sangre generosa* (noble), *más deseo acertar en mi oficio y no pronunciar sentencia antes de conocer vuestro linaje y religión. Dadme razón de ello*». Genibera, en nombre de todas respondió: «*Somos cristianas y siervas de Jesucristo. Somos adoptadas, tú nos engendraste, Rey, y a todas juntas y nueve nos parió la Reina. Si dudas de eso, dudas de la verdad*». El Rey las conminó a dar pruebas de ello

y Genibera siguió diciendo: «Sabe Rey que la Reina nos parió a todas las nueve de un parto y fue tal su vergüenza, que para ocultarlo a los extraños, mandó a una criada que nos arrojasen al río para que con nuestra muerte se ocultara el suceso. La criada, movida por la compasión, nos dio a criar a mujeres cristianas, quienes nos educaron en la Fe de Cristo y nos converti- mos en sus esposas, a quienes hemos consagrado nuestra virginidad».

Este relato lo confirmó el rey con su esposa, la cual no pudo negarlo. Entonces él las reconoció como hijas e intentó convencerlas de que estaban en superstición diciendo: «Hoy me dan los cielos nueve estrellas y me nacen nueve ilustres prendas. No se malogre mi dicha, atended a vuestros Progenitores. Ni queráis ser menos que ellos ni intentéis otro camino que el que siguieron. Dejad la vanidad de aquella infame gente que os crió y engañó. No perdáis los bienes que os concedió la naturaleza. Entrad en la Corte y el palacio de vuestro padre el Rey. Haced sacrificios a los dioses romanos del Imperio y gozad de la gloria de mi reino, que yo os buscaré esposos dignos de sangre real y os llenaré de riquezas, y si consideráis guardar vuestra virginidad, yo os consagraré a la diosa Vesta».

Una tras otra, las hijas se reafirmaban en sus creencias y relatos. Entonces, hizo acto de presencia la reina (su madre) para intentar convencerlas y olvidar de este modo su infamia: «Queridas hijas, prendas de un solo parto, otra vez os vuelvo a ver con gran dolor, si queréis que padezca las de vuestra rebeldía. Consolad a vuestra madre y venid con ella a sacrificar a la Diosa Diana».

Liberada respondió: «Verdad es, Madre y Señora nuestra, que nos pariste, si bien intentaste que fuéramos el triste manjar de los peces, mas Dios nos libró, nos dio su anillo como esposas y no queremos hacerle falta alguna».

Al oír la fijación de las hermanas, el rey encolerizó: «Por Júpiter, que si tus hermanas y tú no seguís los consejos que os damos, experimentaréis una muerte rigurosa». De este modo, les dio un ultimátum, a lo que a coro las hermanas respondieron: «Eso es lo que queremos. Dar la vida por Jesucristo».

Sin amor paternal y sin el intento de reducir su dolor, Catelio las sentenció a muerte al día siguiente. Durante la noche, las hermanas se unieron en oración por sus padres: «Aunque nuestros padres sean gentiles, la natural piedad nos solicita, ya que no podemos reducir sus ciegos errores a la Verdad Católica, que procuremos al menos que su culpa sea menor. Y que Dios, que

El rey encolerizó: «Por Júpiter, que si tus hermanas y tú no seguís los consejos que os damos, experimentaréis una muerte rigurosa», a lo que a coro las hermanas respondieron: «Eso es lo que queremos. Dar la vida por Jesucristo».

evitara nuestra muerte recién nacidas, impida a nuestro padre la muerte que de crecidas intenta dar, derramando su misma sangre, para así guardar a nuestros padres libres de nuestras muertes, y que por otras manos alcancemos la corona del Martirio que tanto deseamos.

»Apareciéronles un ángel del cielo para guiarlas a diferentes ciudades. Liberada dijo: 'Señor Dios y Creador del cielo y tierra, que nos bendice a todas juntas de nacer un día de un mismo vientre libres de tinieblas y nos transfiere la Luz de la verdadera Fe, suplicamos a tu Majestad Divina nos lleves desde el destierro a la Patria Celestial. Ten por bien ponernos juntas en el seno de Abraham'». Todas respondieron amén antes de despedirse y seguir el camino que el Espíritu Santo le había marcado a cada una.

Marciana cogió el camino de Toledo, donde llegó a la edad aproximada de veinticinco años. En años subsiguientes, sus hermanas Genibera en el año 115 y Quiteria en el año 130 fueron martirizadas y convertidas en santas.

En el *Breviario Mozárabe de Toledo* de 1651 consta el martirio de Marciana en esta ciudad. Relata también que una estatua de

En el Breviario Mozárabe de Toledo de 1651 consta el martirio de Marciana en esta ciudad. Relata también que una estatua de la diosa Diana, muy venerada por los toledanos, Marciana la derribó y quedó rota en pedazos.

la diosa Diana, situada en una fuente, estaba siendo muy venerada por los toledanos, Marciana la derribó y quedó rota en pedazos. Aquellos que se hallaban presentes la apalearon y la llevaron como rea de grave sacrilegio ante el Tribunal del Presidente, el cual, tan ciego en religión como lascivo, reconoció que a las vírgenes católicas no se les podía dar mejor tormento que entregarlas a los placeres carnales de los amantes de Venus.

Pero Dios intervino levantando un muro de piedra entre los violadores y Marciana. Estos, rabiosos, volvieron al Tribunal para que la arrojaran a las fieras en el anfiteatro, a orillas del Tajo, del cual apenas quedan algunas piedras hoy en día. Sobre la arena apareció un león, ella se arrodilló ante la fiera y besó sus pies sin que, milagrosamente, la atacara (el león recuerda a la tribu de Judá y al propio Cristo).

Tras el león sacaron al toro, al que Dios había dado licencia para maltratarla por propia petición de Marciana, de manera que la destrozó los pechos y la sacó un ojo (el toro es la representación bíblica de Baal y el becerro de oro).

Tras el toro sacaron un leopardo, que le dio una dentellada en el cuello y así acabó con su vida. En el momento de su muerte, en el año 155, un gran fuego destruyó la casa de un tal Bindario o Budario, el judío que, al parecer, había sido el promotor de la paliza y la entrega al Tribunal. Su casa fue completamente arrasada junto con su familia, y se contaba que nadie después, a lo largo de los tiempos, fue capaz de levantarla de nuevo.

Marciana, pues, murió el año 155, cuando gobernaba la silla de Toledo el arzobispo Pelagio, que había sucedido el año 138 a san Honorato.

Esta patrona toledana suele ser confundida con otra homónima que se celebra el 9 de enero, pero la segunda, con un martirio semejante, murió en Mauritania sobre el año 300, y un toro atravesó el tórax en lugar de destruir los pechos. Constan estas diferencias en escritos del arcipreste de Santa Justa y en los Breviarios de Sigüenza y de Palencia.

Por otra parte, es necesario comentar que el rey Wamba le concedió el patronazgo de la ciudad de Toledo, tras entender y comprender lo que subyace en el himno que los mozárabes toledanos le habían dedicado. Concedió también el rey la puerta de Oriente a su custodia, junto a otros santos mártires como San Eugenio, su sucesor San Julián, San Tirso y Santa Obdulia. Hasta hace no mucho tiempo se conmemoraba a esta patrona Toledo en la capilla Mozárabe de la Santa iglesia Catedral el día de su fiesta, el 12 de Julio.

Por su parte, el obispo Equilino (lib.2, cap.58) destaca del himno los siguientes términos: «*Pero la blasfemia lleva castigo de ruinas e incendios*», como el incendio que sufriera Budario.

Sobre sus restos pocas exactitudes nos han llegado. Sabemos que Amador de los Ríos habla de «*la existencia de las reliquias de Santa Marciana en una iglesia de Toledo*», la cual no identifica.

Otros historiadores relatan la existencia de unos frescos en la iglesia-mezquita del Cristo de la

Luz: «*En el transepto, santas en-marcadas en arcos de diferentes tipologías: Santa Eulalia y Santa Marciana en el lado sureste del crucero; Santa Leocadia y, posiblemente, Santa Marta al noroeste*».

Tras la reunificación de reliquias de santos de diferentes iglesias ya desaparecidas de Toledo por parte del arzobispo Bernardo de Sandoval y Rojas, la mayor probabilidad de encontrar sus reliquias está en el Ochavo de la catedral Primada al que no hemos tenido acceso.

El himno citado reza como sigue:

Sacræ triumphum Martyris
  Celebret vox Ecclesiæ,
  Camena sit cunctis una,
  Martianæ in laudem Virginis.
Quæ passionis præmium,
  Dum tendis adipiscitur;
  Vltro ad palestram gloriæ
  Audet prompta concurrere.
Hæc namque adstantem Dæmonis
  Cernens allisit effigiem,
  Sub cuius larga perpetim
  Fluebat unda gressibus.
Mox flagris celsa trahitur
  Celsa ad Prætoris atria,
  Atque lactis illicitis
  Prosternit membra Virginis.
Quam prædo pudicitiæ,
  Dum inter umbras sequitur,
  Oblata exemplo Cœlitus:
  Secluditur maceria.
Vincta deinde stipite
  Prophana vite includitur,
  Sed pœnas fert blasphemia
  Ruinas, & incendia.

Emissa namque bestijs
  Leo percurrit percitus,
  Adoraturus veniens,
  Non comesturus Virginem.
Taurus de hinc prosiliens,
  Forma, & mugitu horribilis,
  Sulcabat eius teneras
  Papillas actu vulnerans.
At fera punix corpore
  Et maculoso tegmine,
  Lethali dente ad ultimum
  Membra puellæ laniat.
Post hoc triumphos anima
  Vindis elapsa corporis
  Plaudens petit ad libera
  Summi poli fastigia.
  Deo patri, &c.

La desconocida Capilla de los Doctores

Si decimos que en la catedral de Toledo hay una capilla llamada «de los Doctores», a buen seguro que semejante afirmación sería tenida por error, pues entre las muchas y muy bellas que nuestro templo primado posee, no consta ninguna con ese nombre. Y, sin embargo, como tal fue conocida durante mucho tiempo una de ellas.

En realidad, hoy este espacio ejerce, más que de capilla, de excepcional pórtico de entrada a la relevante y muy venerada capilla de Nuestra Señora la Virgen del Sagrario, patrona de la ciudad.

Dedicada a Santa Marina, nombre por el que se la identifica, en el pasado fue conocida popularmente como la «Capilla de los Doctores» porque, según dejó establecido el cardenal Bernardo Sandoval y Rojas, a comienzos del siglo XVII, en ella sólo podían celebrar misa aquellos capellanes que fueran doctores, o al menos licenciados, por alguna de estas seis universidades: Salamanca, Alcalá, Toledo, Valladolid, Sigüenza o Bolonia.

Fue este cardenal, que ocupó la sede toledana entre 1599 y 1618, quien finalizó la obra de la gran capilla de la Virgen del Sagrario y allí, en uno de los muros laterales, todos ellos revestidos de ricos mármoles, ocupa un espacio destacado su tumba, junto a las de otros varios miembros de su familia.

Memorias de Manuel M. Pintado

PACO MAESO

Pocos pintores son tan de nuestro querido Toledo y forman parte de su patrimonio artístico como don Manuel Martín Pintado Ureña (Toledo 1925-1982).

Artista de gran técnica, tanto en la disciplina de la acuarela como en la del dibujo, que dominaba con gran maestría. Se formó asistiendo a las clases de, entre otros ilustres, Enrique Vera, que dirigía en 1940 las enseñanzas de Escenografía, y de Esmalte, impartidas por Julio Pascual, ambas en la Escuela de Bellas Artes de Toledo.

Félix del Valle fue compañero suyo y nos apunta sobre aquellos días que «se le iluminaba el rostro en el momento emocionante de pasar al fuego el trabajo realizado durante días o meses, que podía quedar eliminado en unos minutos si no se hacía bien en aquella primitiva fragua».

Manuel Pintado se licenció en Derecho y trabajó como oficial

Retrato de Manuel M. Pintado, por Romero Carrión

mayor letrado del Ayuntamiento de Toledo, lo que le facilitó en gran medida ejercer su influencia para el desarrollo de actividades culturales de todo tipo.

Se casó con la moracha María del Carmen Peñalver, lo que le llevó a realizar la primera carroza de la reina de la Fiesta del Olivo y algunos de los primeros carteles. En la misma línea diseñó los carteles anunciadores de las ferias toledanas de los años 1952 y 1953.

Como era de esperar, llegaron los reconocimientos y galardones, escasos a mi parecer, como el de la X Exposición de Arte de 1950 y el de la IX Exposición «Estilo» de 1956.

Cabe destacar también su participación en la célebre exposición *Los pintores toledanos y Salvador Dalí*, que, en realidad, partía de la petición de otros dos artistas toledanos (Fernando Espejo y Francisco Zarco) de realizar un dibujo al genio de Cadaqués por la de épica victoria en el Tour de Francia, un 18 de julio de 1959, del toledano Federico Martín Bahamontes. En esta exposición nuestro pintor aportó cuatro acuarelas: *Enfoque ambiental, Concepto telúrico, Insuflación* y *Morbilidad*.

Francisco Zarco, en un artículo titulado «Pequeña historia del museo que nunca existió», publicado en *Nuevo Diario* (30/10/1969), idealizaba lo que a su juicio debería de ser un gran museo compuesto por obras de José y Enrique Vera, Zuloaga, Rovinsky, Zabaleta, Palencia, Caballero, Matías Moreno, Cutanda, Beruete, Guerrero Malagón, Camarero, Bacheti, Moragón, Rojas, Dorado, Romero Carrión, Teodoro Delgado, Morera, Canogar... y, por supuesto, Manolo Pintado.

No se requieren grandes conocimientos sobre arte para darse cuenta de que, al contemplar su obra, hay algo que va más allá de su propia belleza y que atrapa nuestra mirada. Sus juegos de luces y tonalidades de color inundan con una delicada ejecución el papel en blanco. Azules, verdes, grises, violetas... se funden en la composición, haciéndonos partícipes del carácter del autor, de gran temple en su conducta y exquisita elegancia.

Resulta casi poético observar una de sus *watercolour*, que dirían los ingleses, observando la imagen del río Tajo abriéndose paso una tarde de tormenta a la altura de la Casa del Diamantista, entre el Alcázar y el castillo de San Servando, ante la atenta mirada del puente de Alcántara.

En su obra aparecen influencias de John Constable y Turner con unos cielos y sus nubes donde siempre está a punto de pasar algo.

En referencia a sus dibujos, nos recuerdan claramente al magnífico Albert Durero.

Basta conectar alguna de las ancianas de Pintado con el *Retrato*

Arriba, retrato de la madre de Durero y, abajo, dibujo de una anciana, de Manuel M. Pintado.

de la madre de Durero a sus 63 años de edad (1514) para apreciar su influencia total. El rostro, el pañuelo en la cabeza, las proporciones de su nariz... tienen un parecido asombroso a pesar de distar algo más de cinco siglos en su ejecución. Por cierto, Durero fue también un gran acuarelista como se puede comprobar en su *Liebre joven* (1502), sin duda, el retrato de roedor más célebre de la historia.

Al año de su fallecimiento, se realizó una exposición/homenaje en la Cámara de Comercio e Industria de Toledo, organizada por la Asociación Tres Culturas, en la que se lograron reunir 80 piezas entre acuarelas, aguafuertes y dibujos a plumilla, con gran éxito de asistencia de público y autoridades.

Posteriormente, en mayo de 2005, su viuda reunió parte de su obra y la mostró en el palacio de Benacazón en una exposición titulada *Memorias de Manuel M. Pintado*, a la que tuve la oportunidad y suerte de asistir, acompañado de mi madre, comprobando cómo toda la obra se vendió en escasos minutos.

Insto a las instituciones y a quien proceda a la realización de una gran exposición sobre Toledo y sus acuarelistas, que conformaron una visión única y original de la ciudad desde sus pinceles.

Mi recuerdo para un extraordinario pintor que supo, como pocos, plasmar el alma de la ciudad que amaba, y que desgraciadamente nos dejó en plena madurez artística y personal.

El monasterio jerónimo de Santa María de la Sisla, en el desgraciado siglo XIX

ANTONIO MARTÍN SALAMANCA

En el año 2015, por editorial Ledoria, publicamos la historia del monasterio de la Sisla, que data del siglo XIV. En otras ocasiones hemos traído a estas páginas de *Cuatro Calles*, personajes y moradores que estaban relacionados con este entrañable convento.

El monasterio de Santa María de la Encarnación de la Sisla, durante sus más de cinco siglos, pasó por momentos de esplendor y gloria. Su fundador, fray Pedro Fernández Pecha, puso la primera piedra para la creación de la Orden de San Jerónimo en el año 1373. Durante los siglos posteriores se fueron abriendo monasterios jerónimos por toda España, hasta llegar al siglo XIX con cincuenta y cuatro.

Se pueden contar cerca de treinta arzobispos y obispos que salieron de la Orden de San Jerónimo, entre los que podríamos destacar a fray Hernando de Talavera, obispo de Ávila, confesor de la reina Isabel la Católica y primer arzobispo de Granada (siglos XV-XVI); fray García de Santa María, arzobispo de México (siglo XVI); fray Pedro de Alba, arzobispo de Granada (siglo XVI); fray Diego de Yepes, confesor de Santa Teresa y de Felipe II y obispo de Tarazona (siglos XVI-XVII); fray Bernardo de Bredenia, confesor de la reina de Francia, doña Leonor de Austria, hermana del rey Carlos V (siglo XVI); fray Alfonso de Oropesa, juez del rey Enrique IV en el Consejo de la Corona (siglo XV); fray Alfonso de Santo Domingo, gobernador en las Indias (siglo XVI); fray José de Talavera, obispo de Valladolid (siglos XVII-XVIII); fray Juan de Santisteban, prior del monasterio de Santa Catalina de Talavera y obispo de Mondoñedo (siglo XVIII); fray Ignacio de Urbina, general de la Orden y arzobispo de Santa Fe en el nuevo Reino de Granada (siglo XVII); fray José de Sigüenza, gran historiador,

Fray Pedro Fernández Pecha, fundador de la Orden de San Jerónimo.

músico, escritor y amigo de Felipe II (siglo XVI); fray Antonio Agustín, predicador del rey Felipe IV y obispo de Albarracín (siglo XVII); fray Alfonso Fernández Pecha, obispo de Jaén y fundador de la Orden de San Jerónimo (siglo XIV); fray Fernando Yáñez de Figueroa, fundador de la Orden de San Jerónimo y prior en el monasterio de Guadalupe (siglos XIV-XV)...

El siglo XIX fue fatídico para la Iglesia en general y para los monasterios de todas las órdenes que existían en España de manera particular, a causa de la desamortización. Pero para el monasterio de la Sisla empezó mal ya en 1802, cuando el día 31 de marzo se declaró un incendio en la panadería que causó grandes pérdidas, quedando el edificio casi destruido.

El 11 de julio de ese mismo año, el padre Aquilino Gómez, como prior, convocó a toque de campana a toda la comunidad para darle cuenta de las pérdidas sufridas por este siniestro, que ascendieron a 200.000 reales. Se otorgaron poderes a la Contaduría General de Temporalidades para que comparecieran ante sus ilustrísimos señores de la Real Cámara y Supremo Consejo de Castilla y, con la misma fecha, se dieron poderes a fray Gregorio Ramiro, prior general de la Orden, para cobrar dos censos: uno de cincuenta y seis mil cien reales, situado sobre Millones en Toledo, y el otro de ochenta y tres fanegas de sal anuales sobre salinas de Espartinas.

Con fecha 7 de octubre, también de 1802, el prior fray Aquilino Gómez comunicaba a la comunidad que habían recibido del deán y Cabildo de la Santa Primada Iglesia de Toledo la cantidad de cien mil reales, con rédito al tres por ciento sobre bienes.

Con estos préstamos, el monasterio de la Sisla pudo acometer diversas obras como la realizada con fecha 3 de octubre de 1803, donde el reverendo padre fray Manuel Mérica, prior mayor del monasterio, contrata por la cantidad de treinta y cuatro mil reales de vellón a Agustín Valbuena, José Zaragoza y Manuel Lozano, maestros de albañilería y carpintería, vecinos de Toledo, para llevar a cabo diversos trabajos de reparación en el claustro, celdas y escaleras, gravemente dañados con motivo del incendio antes mencionado.

Las obras, sin embargo, no llegaron a realizarse en su totalidad, pues el 28 de julio de 1809 llegaron tropas españolas para instar a los frailes a que abandonaran el convento durante diez días.

No obstante, pocas jornadas después hizo acto de presencia un contingente numeroso de tropas del ejército francés invasor, que habría de permanecer más de un mes ocupando las dependencias del monasterio y ocasionando en él graves destrozos.

Durante este tiempo, la comunidad monacal, que poseía tres casas en Toledo, concretamente en la calle de la Sierpe, plaza de la Retama y otra en la parroquia de San Lorenzo, no pudo ocuparlas por tenerlas arrendadas, por lo que los frailes hubieron de alojarse en una hospedería, también de su propiedad, en la calle de la Concepción.

Al regresar los frailes al convento, con licencia del padre general, el prior fray Calixto de Madroñal, y en nombre de toda la comunidad, fue necesario proceder a la venta de varias fincas situadas en Alcabón, Santa Olalla, Torrijos, Gerindote y Val de Santo Domingo para hacer frente a los cuantiosos gastos que habían de suponer las nuevas obras de reconstrucción del destrozado monasterio.

Con fecha 9 de julio de 1814, fray Calixto de Madroñal, como prior y procurador mayor del monasterio, suscribía un nuevo con-

El ejército invasor francés habría de permanecer más de un mes ocupando las dependencias del monasterio y ocasionando en él graves destrozos.

El 7 de marzo de 1820, por una real orden, se desposee de todas las fincas, rentas y acciones pertenecientes al monasterio y de las que disfrutaba hasta la fecha.

trato, esta vez con Atanasio Díaz, maestro de carpintería, y Alberto Díaz, de albañilería, para ejecutar ciertas obras y reparaciones en diversas dependencias del monasterio y su iglesia, por hallarse la mayor parte arruinada por las tropas francesas y para que los religiosos pudieran habitarlo y cumplir con su instituto, una vez les fue hecha entrega del edificio y de todas sus propiedades, en virtud de un decreto real.

Una vez reconocidos los daños por los maestros contratados, éstos establecieron, con acuerdo de la comunidad, acometer diversas obras en la escalera principal, claustro, celdas, ventanas, sacristía, iglesia, solados, etc., con un coste estimado en la cantidad de veinticuatro mil doscientos reales y el compromiso de finalizar las obras en el mes de septiembre de 1814. También por entonces, la Regencia del reino concedió a los religiosos de la Sisla una pensión de seis reales para sus alimentos, por el tiempo que habían permanecido fuera del convento.

En el año 1835 tiene lugar la gran desamortización. Las deudas de Estado eran inmensas y el ministro de Hacienda, Juan Álvarez de Mendizábal, piensa amortizarlas con los bienes incontables de la Iglesia. Las Cortes aprueban la extinción de todas las órdenes religiosas, se cierran todos los monasterios y casas religiosas y se les expropian todas sus propiedades con fecha 25 de junio del mismo año.

Pero al monasterio de la Sisla esta funesta situación le ha alcanzado antes. Concretamente el 7 de marzo de 1820, por una real orden, comunicada por el secretario de Estado del despacho de Hacienda al señor intendente general de la provincia. Se le ha desposeído de todas las fincas, rentas y acciones pertenecientes al real monasterio y de las que disfrutaba hasta esa fecha.

Ese mismo día, a la 10 de la mañana, se hallaba la comunidad reunida a toque de campana con dos seglares presidiendo el acto. Uno de ellos leyó una orden de Su Majestad por la cual, con arreglo al decreto de Cortes, quedaba extinguida aquella

Ruinas del monasterio de la Sisla a comienzos del siglo XX. Fotografía publicada en el nª 220 de la revista *Toledo*.

corporación religiosa, añadiendo que ningún monje podía continuar dentro del monasterio. En el momento de la incautación del convento lo componían dieciocho frailes dirigidos por el prior fray Francisco de Guadalupe. Con fecha 12 de noviembre de 1820, el prior envió la lista de los religiosos solicitando sus pensiones a la Intendencia, pero posiblemente ya no la recibieron.

La catedral, lugar de citas amorosas

En tiempos pretéritos, cuando la moral pública se observaba de manera estricta, y máxime en una ciudad pequeña y con una fuerte influencia eclesiástica como Toledo, no era fácil para los enamorados ni siquiera poder verse, aunque sólo fuera a una prudente distancia, por lo que se las habían de ingeniar para conseguirlo, al menos unos instantes. Paradójicamente, eran los templos, como lugares más frecuentados por las mujeres, los lugares preferentes y menos sospechosos donde intentar estos acercamientos, como lo prueba la existencia de numerosas órdenes en las que se insiste en la vigilancia para impedirlo. Así, por ejemplo, entre las funciones que tenía asignadas el portero de la catedral de Toledo, además de cuidarse de abrir y cerrar las puertas a su debido tiempo, figurase el velar por la salvaguarda de la moral dentro del sagrado recinto. Para ello se les ordenaba «andar con luz visitando toda la iglesia para que no puedan hablar hombres con mujeres ni quedarse escondidos», lo cual nos indica que debía de ser bastante frecuente la utilización de la catedral como lugar de citas.

La Perla de Toledo (I)

ÁNGEL DEL CERRO

Un proyecto de leyenda toledana a partir de un relato corto de Próspero Méri-mée. Traducción propia sobre el texto publicado en París, por Henri Fournier Jeune, en 1833, que se transcribe en cursiva.

Siguió con la mirada el curso del Guadalquivir, que avanzaba hacia el sol poniente. Tuzani lo observaba desde un balcón de madera en voladizo, cubierto con celosías que, a través de sus pequeños huecos con formas geométricas, dejaban paso a la luz y el aire, y le permitían el contacto con el exterior sin ser visto. Una puerta con arco de herradura daba acceso desde el mirador a una amplia estancia, adornada con colgaduras en las paredes, algunas de las cuales eran estandartes arrebatados a los cristianos en distintas batallas. Un zócalo con decoración geométrica cubría la parte inferior de las paredes, pintadas en color ocre en la parte superior.

Era un distinguido soldado, que había sabido ganarse la confian za del Emir a la vez que la lealtad de los hombres bajo su mando. No había cumplido los 18 años cuando entró en Ceuta como lugarteniente de Tamim al-Mu'izz, hijo del Emir; él comandaba el grupo que apresó al rey taifa de Ceuta, al-Hayib al-'Izz ben Saqqut, y se incautaron de una gran cantidad de joyas y piedras preciosas. Y estaba junto a Tamim en el momento en que éste desenvainó su espada y ejecutó en al-'Izz los designios de Alá aquel viernes de safar.

El arrojo del joven no pasó desapercibido para Yusuf Ibn Tashfín, Amir al-Muslimin y Násir al-Din (príncipe de los musulmanes y defensor de la fe). Cuando éste decidió ayudar a las taifas andalusíes para frenar la expansión cristiana y acabar con la sangría de parias que debían pagar al rey leonés, Tuzani vino con las tropas. El Emir le confió la dirección de una sección de caballería que Tuzani supo convertir en un arma temible, por el orden con que se podían desplegar en la batalla y la perfección que lograban en la ejecución de las tácticas.

Había vivido más años de guerra que de paz. Desde aquella primera gran victoria en Zalaca, en la que estuvieron a punto de acabar con Alfonso. Después de aquello, Yusuf había marchado a África y regresado a Al-Andalus en varias ocasiones, lo que había impedido que los almorávides se impusieran a los cristianos, aunque no a las taifas musulmanas. Y Tuzani había participado en casi todas las campañas, ya fueran contra Málaga, Granada o Lisboa. Así se convirtió en un gran guerrero y en un hombre rico, que siempre recibía una cantidad no desdeñable del botín obtenido con cada razzia, o de los despojos del ejército enemigo tras las batallas.

Algunos de sus oficiales vivían con él bajo su mismo techo, ocupando la primera planta del edificio. Era una casa ubicada cerca de las antiguas murallas romanas, en el límite de la medina y los arrabales. Se accedía a ella desde la calle, a través de un pór-

Había vivido más años de guerra que de paz. Desde aquella primera gran victoria en Zalaca, en la que estuvieron a punto de acabar con Alfonso.

tico construido con restos de materiales romanos que enmarcaba una puerta de dos hojas de madera reforzadas con placas de plomo remachadas con gruesos clavos. Un pequeño atrio con salida lateral evitaba la visión del patio desde el exterior.

El amplio patio tenía una pequeña alberca cuadrada en su centro y, junto a ella, un brocal flanqueado por dos delgados pilares que soportaban una barra de hierro de la que colgaba la vasija que se utilizaba para extraer agua del pozo. Jazmines y rosales estaban plantados en algunos alcorques, y naranjos adornaban cada una de las cuatro esquinas. Un arco de herradura daba acceso a un huerto, y otro comunicaba la casa con unos grandes establos, a los que también se podía acceder desde la calle. A su alrededor se disponían salas y habitaciones con distintas funciones. Cocina y despensa ocupaban una de las esquinas, en tanto que, junto al atrio de entrada, un pequeño cuarto servía de alojamiento a soldados de la guardia. Una escalera permitía el acceso a las plantas superiores.

Tuzani habitaba un lateral de la segunda planta, que le ofrecía magníficas vistas sobre la capital califal. Llevaba un buen rato observando la parte de la medina que se extendía bajo su mirada. Amplios barrios de casas bajas sobre las que se elevaban, en las cercanías del río, construcciones de mayor tamaño que se asociaban a altos dignatarios de la corte.

Reflexionaba en voz alta:

—*¿Quién me dirá si el Sol es más bello al alba que al ocaso? ¿Quién me dirá cuál es el más bello de los árboles, si el olivo o el almendro? ¿Quién me dirá si es más valiente un valenciano o un andaluz? ¿Quién me dirá cuál es la más bella de las mujeres?*

—*Yo os diré cuál es la más bella de las mujeres: Aurora de Vargas, la Perla de Toledo.*

Le había respondido su escudero Fatín. Hacía las veces de consejero y también se ocupaba de la intendencia de la casa. Nada se le escapaba de lo que se hablaba en las plazas y mercados

En las tertulias se hablaba del rey Alfonso, de su cultura morisca y de los días que había vivido bajo la protección de Al-Mamún, y de las batallas contra los hombres de El Cid y Alvar Fáñez. Pero también se hablaba de La Perla de Toledo, cuya fama se extendía de norte a sur.

y siempre estaba atento a las noticias que llegaban de otras tierras y, particularmente, de la frontera.

La toma de Toledo por los cristianos no había interrumpido las relaciones comerciales y culturales de la ciudad del Tajo con la capital califal. Frecuentemente, desde la frontera del Tajo, llegaban a Córdoba comerciantes, artistas, estudiosos y viajeros que traían noticias desde esa zona, de sus gentes y de su modo de vida, y de la realidad multicultural de la antigua capital visigoda, que se iba cristianizando cada vez más.

La fama de Toledo se había extendido por toda Al Andalus como la ciudad heredera de Córdoba. Siempre rebelde durante la expansión del califato, había conocido su edad de oro en la cultura y el arte unas décadas atrás, cuando estuvo regida por Al Mamún. El ahora rey leonés fue invitado y residió algún tiempo, como protegido del musulmán, hasta que pudo ocupar su trono. Después, un periodo de decadencia con Al Qadir, y Alfonso volvió como conquistador. Sin dañar a la ciudad, pero adueñándose de ella.

En las tertulias se hablaba del rey Alfonso, de su cultura morisca y de los días que había vivido bajo la protección de Al-Mamún, y de las batallas contra los hombres de El Cid y Alvar Fáñez. Pero también se hablaba de La Perla de Toledo, cuya fama se extendía de norte a sur. No sólo se ensalzaba su belleza; se decía que era una mujer discreta y cultivada, que se rodeaba de hombres sabios sin importarle si eran árabes o judíos. Siempre con un trato generoso hacia quienes la servían, o con los pequeños comerciantes y artesanos que abastecían su palacio. Muchos decían haberla visto por el alcaná, la alcaicería o el barrio de los orfebres, acompañada de alguna de

sus damas. Y muchos contaban haberla escuchado recitar canciones que sonaban al atardecer, interrumpiendo el silencio de las calles a las que se abrían las ventanas de sus habitaciones, pues era de todos aceptado que La Perla tenía una voz melodiosa e interpretaba el laúd con gran maestría.

Todo esto refirió Fatin y un rayo fulminante no hubiera tenido mayor efecto en su interlocutor. Tuzani sintió cómo a él, guerrero curtido en cien batallas, se le encogía el estómago y se le paraba la respiración; su corazón latía con fuerza, sus manos temblaban y sudaban, a pesar de estar frías. Tuvo la sensación de que no existía nada más en el mundo; que su vida no sería completa sin poseer a La Perla. Para ello, tendría que batirse a muerte en un combate singular.

Ordenó a Fatín que dispusiera todo lo necesario para marchar a Toledo. El escudero ni siquiera intentó disuadirle. Preparó tres lanzas largas y dos cortas, dos cimitarras y una espada de jineta, y también dos adargas. No incluyó cota de malla porque sabía que su señor necesitaría de toda su agilidad y libertad de movimientos. Preparó también vituallas y ropas suficientes para el viaje.

El negro Tuzani ha pedido su lanza, ha pedido su escudo: coge su lanza con la mano derecha; cuelga su escudo de su codo. Baja al establo y observa a sus cuarenta yeguas, una tras otra. Di-ce:

—Berja es la más vigorosa: traeré a La Perla de Toledo sobre su amplia grupa o, ¡por Alá!, Córdoba no volverá a verme jamás.

Había bajado a las cuadras, donde caballos y yeguas se alojaban en amplios departamentos en torno a un gran patio, que servía a la vez como campo de ejercicios para los jinetes bajo su mando. Fatín tomó la yegua que usaba habitualmente en las salidas junto a su señor y aparejó dos mulas para cargar armas, vituallas y demás utensilios.

Salieron de Córdoba por Bab Tulaytula, la puerta oriental que antaño sirvió de entrada a la ciudad romana desde la vía augusta. Pensó en cuán orgullosos se sentirían sus vecinos cuando le vieran regresar, trayendo a su lado a La Perla de Toledo. Ningún otro podía ser su destino.

Cruzó el arrabal de al-sharqía y cabalgó hacia el noreste mientras divisaba, no muy lejos, la Madinat Azahira. Tenía ocho jornadas por delante, a través de un camino que, en gran parte, le resultaba familiar. Había seguido esa ruta muchas veces antes con sus tropas, en expediciones hacia poblaciones cristianas en busca de botín o tributos. Aunque nunca pudo entrar en Toledo por la fuerza de las armas.

Ahora era distinto. Un hombre solo, acompañado de su siervo, no despertaba recelos. Era frecuente cruzarse por los caminos con individuos que se desplazaban a uno y otro lado de la frontera comerciando con todo tipo de productos, o que acudían a los pequeños mercados rurales para proveerse de vituallas. A nadie le extrañaría cruzarse con un solitario musulmán, al sur del Tajo, camino de la antigua capital de la taifa.

Avanzó por la margen derecha del Guadalquivir, entre sembrados y granjas, vadeando algunos arroyuelos, antes de llegar a la desembocadura del Guadalmellato, a unas tres leguas de Córdoba. Ahí puso rumbo al norte, camino de un paraje que conocía

Berja es la más vigorosa: traeré a La Perla de Toledo sobre su amplia grupa o, ¡por Alá!, Córdoba no volverá a verme jamás.

A principios de siglo, Abderramán Sanchuelo, hijo de Almanzor, había avanzado sobre Toledo sin poder lograr su objetivo de acabar con la rebelión.

---

bien por haberse utilizado tradicionalmente como zona de acampada por los ejércitos musulmanes cuando marchaban a la guerra contra los cristianos. Manzil al-Hani era para él un lugar lleno de recuerdos, de noches en las que los veteranos contaban historias al calor del fuego, evocando la época gloriosa de Almanzor.

Sin embargo, Tuzani contó a su acompañante otra historia menos edificante. A principios de siglo, Abderramán Sanchuelo, hijo de Almanzor, había avanzado sobre Toledo sin poder lograr su objetivo de acabar con una rebelión. Al mismo tiempo, otra revuelta se desató en Córdoba, lo que le obligó a volver, siendo abandonado progresivamente por buen número de sus soldados. La leyenda contaba que era tonto, malvado, borracho y fornicador, y que se refugió en Manzil al-Hani con setenta de sus mujeres. Muhámmad II al-Mahdi se proclamó califa y envió un ejército para detener a Sanchuelo, éste fue ejecutado y su cadáver enviado a Córdoba para ser crucificado y expuesto a la vergüenza pública.

Allí pasaron la noche, junto a un pequeño pero vigoroso torrente; Tuzani se durmió al arrullo del agua soñando con su perla.

La jornada siguiente fue de largo camino por Fahs al-Ballut, un valle rodeado de montañas surcadas en sus vertientes por pequeños canales de agua. Cabalgaron atravesando dehesas pobladas de encinas, robles, alcornoques y quejigos, en medio de un silencio sólo alterado por el canto de las aves. Cualquier otro hubiera dejado que sus sentidos disfrutaran de lo que la naturaleza le ofrecía. Así lo hizo Fatin, aunque no era la primera vez que recorría aquellas tierras, pues había acompañado a su señor en algunas razzias. Había visto correr perdices y conejos, e intuido algún jabalí moviéndose entre jarales; y no podía menos que envidiar el libre vuelo de las rapaces que podía observar mirando al cielo.

Pero Tuzani sólo pensaba en la Perla. No la compartiría con más esposas, aunque podía permitírselo. Dos o tres esclavas realizarían las tareas domésticas y la

Tuzani sólo pensaba en la Perla. No la compartiría con más esposas, aunque podía permitírselo. Dos o tres esclavas realizarían las tareas domésticas y la asistirían en el cuidado de su belleza, ungiéndola con perfumes y esencias.

asistirían en el cuidado de su belleza, ungiéndola con perfumes y esencias. Vestiría con suaves telas ceñidas a la cintura y portaría brazaletes de oro en los brazos y un colgante de esmeraldas al cuello. Y cuidaría y educaría a los hijos que debería darle. Así, ensimismado, pasó el trayecto, sin apenas cruzar palabra con Fatin.

Al final del día, antes de abandonar Fahs al-Ballut, se desviaron ligeramente al oeste, en busca de un camino que les permitiera salvar la sierra con menor dificultad. Podían haber hecho noche en alguna casa al pie del castillo de Almogávar, pero Tuzani prefería dormir al raso. Era consciente de su superior fuerza frente a un caballero cristiano, pero quería purificar su cuerpo y su alma y prepararlos adecuadamente para el combate, lo que significaba evitar comodidades. Tampoco quería dar explicaciones si era abordado por soldados de la guarnición del castillo.

La fortaleza se levantaba en lo alto de un cerro que destacaba sobre el horizonte, en un lugar estratégico para controlar los distintos pasos que comunicaban la meseta con el territorio cordobés. Fuera del recinto amurallado se extendían, formando arrabales en derredor, las casas de los habitantes que asumían las tareas de alimentar y dar servicio a los defensores del castillo. En tiempo de paz, la guardia no salía de los muros, por lo que nadie perturbó el descanso de los viajeros.

Al día siguiente continuaron su camino para cruzar la sierra. Las primeras horas de la mañana fueron de lenta subida hacia el puerto del Horcajo, aprovechando las riberas del arroyo de Navaluenga y del río Guadalmez. Las primeras horas de la tarde ya transcurrieron por la llanura del valle de Alcudia. La cabalgada en solitario parecía dar a su fin ya que, a cada poco, se cruzaban con caminantes o gentes a lomos de burros o mulas, pues era zona de gran actividad, por la cercanía de enclaves mineros y la actividad comercial que los mismos generaban. Esta vez, Tuzani pensó que era más tranquilo pernoctar en una de las numerosas ventas que encontraron en su camino, y así lo hicieron.

El cuarto día marcharon hacia Karakay, o Caracuel como decían los cristianos. Tuzani estaba impaciente por llegar a Toledo y hubiera reventado varias yeguas, e incluso a sí mismo, si eso le hubiera permitido ya dormir junto al Tajo.

Esa jornada se mostró más locuaz. Recordaba el estruendo de los tambores de la Guardia Negra antes de la batalla de Zalaca. Y cómo, a pesar de que los cristianos pensaban contar con el factor sorpresa, al atacar antes del tiempo pactado, ellos fueron los primeros sorprendidos. El Emir les permitió confiar en una fácil victoria por la mañana pero, por la tarde, todo cambió. Tuzani ya era un joven comandante de la caballería ligera que, con una maniobra envolvente, provocó la inferioridad del enemigo. Eran superiores en número, pero a la victoria no fueron ajenos el tronar de los tambores y los aullidos de los negros, ni la eficacia de

los arqueros, ni la sorprendente carga de los camellos que asustó a la caballería cristiana.

Estas y otras historias le iba contando a Fatin cuando llegaron a Karakay. Era ése un importante enclave urbano, situado estratégicamente en el cruce de dos importantes vías de comunicación. La que seguía Tuzani, entre Córdoba y Toledo, y la que llevaba desde Valencia hasta Badajoz. Había posadas, mercados y baños, y los viajeros encontraban todo tipo de servicios y comodidades. Restaban, al menos, otros cuatro días de viaje hasta llegar a su destino, y Tuzani dispuso de alojamiento y comida para él y para su escudero, y de establo donde cuidar sus caballerías. Esa tarde tomó un baño purificador a la vez que higiénico; aunque la ropa le había protegido del polvo del camino, sentía la boca reseca y era consciente de la necesidad de lavar su cuerpo y aliviar la fatiga. Incluso se hizo lavar el pelo y arreglar la barba y fue ungido con aceites perfumados.

Al día siguiente marcharon hacia Qal'at Rabah, Calatrava, otro importante centro urbano y cruce de caminos, distante poco más de seis leguas. Dotada de mezquita, baños, posadas y comercios, era una auténtica ciudad fortaleza que se alzaba en la margen izquierda del Guadiana. Era la ciudad más poblada entre Córdoba y Toledo y no era el lugar más apetecido por Tuzani para el descanso tras la jornada. Pero hacía calor, los alrededores pantanosos del río estaban poblados de mosquitos y, en consecuencia, la opción por la posada junto a la muralla era la menos mala.

Se acercaban a Toledo y crecía la sensación de estar en la frontera entre dos mundos. Cada vez se cruzaban con más soldados, en pequeños grupos, a pie o a caballo, alertas a cualquier cambio de situación que pudiera producirse. Se trasladaban entre distintas torres de vigilancia, que podían divisarse en medio de la llanura. Tuzani y Fatin podían haberse quedado en Malagón, a orillas del río Bañuelos y al amparo del castillo que dominaba la zona, pero tenían fuerzas y decidieron avanzar en su ruta hacia Toledo. Tuzani reflejaba, cada vez más, la tensión que le producía la inminente cita con su enemigo y

Se acercaban a Toledo y crecía la sensación de estar en la frontera entre dos mundos.

la oportunidad de conquistar a su amada.

Hicieron noche a unas tres leguas al norte de Malagón, junto a un arroyo y una pequeña pradera donde pastaban algunas cabras, ante la atenta mirada de un pastor. El cabrero les ofreció una generosa cantidad de leche en una jarra de barro, que Fatin supo agradecer con gran placer. Tuzani permaneció en silencio y apenas comió unos dátiles y frutos secos.

Estaban a dos días de camino de Toledo, que podían ser tres. Tuzani se debatía entre agotar a su yegua en una marcha rápida o frenar el paso, darle descanso y, a la vez, disponer de tiempo él mismo para sus pensamientos y oraciones. La cercanía de La Perla le estimulaba para apresurarse; no temía a la fatiga, convencido de que no había adversario que se le pudiera oponer. Cabalgaron hacia Yebel aprovechando un estrecho paso entre sierras, observando a lo lejos la torre de vigilancia de Guadalerzas.

No muy lejos de allí, tan sólo hacía tres años que había confiado en ver cumplido su sueño de volver a conquistar Toledo, en un caluroso verano. Era la cuarta vez que el Emir había cruzado el estrecho para emprender una campaña contra Alfonso, amenazando Toledo y Valencia. La llanura manchega era paso obligado, desde Córdoba, para acometer la conquista de una o ambas ciudades. Y el rey leonés decidió plantar batalla en Consuegra. Hubiera sido la segunda vez que ambos monarcas se hubieran enfrentado directamente en el campo de batalla, pero el Emir no quiso participar y puso al mando de su ejército a Muhammad ibn Al-Hayy.

Como siempre, y a pesar de los frecuentes desencuentros, el rey cristiano contó con el apoyo de El Cid, Rodrigo Díaz, quien le aportó un par de cientos de caballeros, a cuyo frente marchó su hijo Diego. Y también, como siempre, al mando de las tropas, el leal Alvar Fáñez, que tampoco en esta ocasión pudo evitar el de-

La cercanía de La Perla le estimulaba para apresurarse; no temía a la fatiga, convencido de que no había adversario que se le pudiera oponer.

Tuzani dirigió el ataque final de la caballería musulmana contra Diego Ruiz, en medio de un estruendo horrible en el que el galope de los caballos hacía temblar la tierra.

sastre. La infantería cristiana fue masacrada por la caballería pesada musulmana. La caballería no corrió mejor suerte. Al ver que sus huestes eran claramente desbordadas por el enemigo, Diego se lanzó con sus caballeros sobre la infantería musulmana, que retrocedió ante el empuje; fue una eficaz argucia. En un instante, los jinetes de El Cid se vieron envueltos desde ambos flancos por la caballería ligera almorávide y sus eficaces arqueros montados, auténticos centauros. Pusieron pie a tierra y encomendaron sus almas a Dios.

Aquél día de agosto, Tuzani dirigió el ataque final de la caballería musulmana contra Diego Ruiz, en medio de un estruendo horrible en el que el galope de los caballos hacía temblar la tierra, y el tronar de los tambores se imponía al fragor del galope que terminaría pasando por encima del escuadrón cristiano. De nada sirvió una barricada de caballos muertos tras la que intentaron protegerse; el resultado inevitable fue la muerte del hijo de El Cid, y una nueva derrota para Alfonso.

El rey se retiró con Alvar Fañez, Pedro Ansúrez y las tropas supervivientes, refugiándose en el castillo. Tuzani se dio cuenta entonces de la oportunidad que la ocasión le brindaba. Toledo no quedaba lejos, y quienes habían sido sus eficaces guardianes durante años, El Cid y Alvar Fáñez, no estaban en situación de defenderla. Quiso marchar sobre la ciudad del Tajo, consciente del efecto que esa acción tendría entre las taifas y el prestigio que obtendría como caudillo al devolver la histórica capital visigoda al dominio cordobés. Tuzani cargaría carros con las cabezas de los muertos, como había hecho otras veces, para lanzarlas sobre los poblados y alquerías en su marcha hacia Toledo: Orgaz, Villaminaya, Almonacid, serían testigos aterrorizados del poderío almorávide.

Pero Al-Hayy tenía otros planes. Pensaba que El Cid no podía abandonar Valencia y también era consciente de los últimos enfrentamientos del rey leonés con el aragonés, como consecuencia de

la ayuda prestada por Alfonso a la taifa de Zaragoza. Pedro de Aragón no tendría prisa por acudir en socorro de Alfonso. El ejército musulmán también había sufrido grandes pérdidas, porque la batalla había sido muy dura, y decidió concentrar todas las tropas que quedaban en el asedio del castillo. Nada mejor para su futuro que presentarse en Córdoba, con el conquistador de Toledo llevando una soga alrededor del cuello, para someterse al príncipe de los musulmanes. Así, se perdieron ocho días en el asedio al castillo donde se había refugiado Alfonso; los cristianos resistieron más de lo esperado y el caudillo almorávide abandonó su empresa y decidió volver a Córdoba con un gran botín y numerosos esclavos. Pero, con ello, se lamentaba Tuzani, también se perdió la oportunidad de reconquistar Toledo.

Hicieron noche en Yebel, o Yébenes en su nombre cristiano, en una posada, cerca de la fuente que hacía tiempo daba fama al lugar, aunque Tuzani apenas pudo dormir. Seguramente, pensaba, el caballero cristiano estaría protegido por una malla de metal, y la montura estaría también protegida y cubierta con un paño, lo que le restaría capacidad para moverse. Tuzani no tendría dificultad para esquivar la acometida, haría inclinarse a su yegua y atacaría con su lanza hacia el abdomen del cristiano, que estaría más preocupado de proteger su pecho, hombros y cabeza. Pensó también en atacar las piernas de su adversario; una lanza clavada en el muslo le desmontaría y, una vez en el suelo, quedaría a su merced. Le cortaría la cabeza y la tiraría a los pies de la dama, que no tendría por más que admirar su valor y su fortaleza.

Despertó con la luz del amanecer a través de un ventanuco. Fatin no había esperado y había preparado los animales, que esperaban en el establo. El camino hacia Toledo ascendía suavemente hacia el puerto y, una vez cruzado éste, se extendía hasta la capital por un terreno llano, salpicado de pequeños poblados y alguna venta. Tan sólo se detuvieron junto a un puente sobre el arroyo Guazalete, en un lugar que decían Villaminaya, para descansar un rato, beber ellos y dar de beber a las caballerías.

Esa tarde alcanzaron la ciudad del Tajo. Se detuvieron en un promontorio desde el que se podía apreciar la belleza de la ciudad, con su alcázar sobresaliendo como punto más elevado sobre las murallas. Podía ver al-qantara, el puente, y unos fuertes muros que ascendían por la vertiente del cerro hacia el alcázar, formando un corredor que separaba la estructura militar del resto de la ciudad. Sabía que había varias mezquitas, pero apenas podía localizar la parte más alta de algún alminar entre los tejados.

(Continuará el el siguiente número).

Casas toledanas en el entorno de la catedral (notas sobre su ubicación y sus vecinos)

ANTONIO LÓPEZ BALLESTEROS

El estudio de las casas de Toledo y de los vecinos que las habitaron es fundamental por los valores de referencia e identidad que tienen para la historia urbana. A falta de una nomenclatura moderna, los inmuebles permiten reconocer los diferentes lugares de la ciudad, porque antaño los propietarios o habitantes circunstanciales de estas casas fueron los que dieron nombre a las zonas y las calles del entramado urbano. En este sentido, es la investigación de los propios vecinos la base para establecer un callejero cada vez más fiable.

Las fuentes conservadas en los archivos reflejan la identidad de los vecinos distribuidos a partir de los números asignados por parroquias y cuarteles, e incluso sobre el número que la casa tenía en cada calle. Este registro que observamos en la documentación tenía objetivos fiscales en lo civil y sacramentales en lo eclesiástico. Cada vecino citado era el que encabezaba el grupo familiar que residía en la casa, y es posible que en los listados se respetara alguna suerte de antigüedad, si es que ésta era conocida por notarios y visitadores. Así, por ejemplo, en el caso de la casa del deán en la plaza del Ayuntamiento, nos encontramos ante una unidad inmobiliaria, una sola casa, aunque los vecinos habitantes eran diez en total, repartidos entre los números 1 y 10, si consideramos la plaza, 22 y 31, si nos ceñimos a la parroquia, y 552 y 561, si acudimos al sistema de numeración por cuarteles. De esta forma, quedaban asentados los vecinos del Corral de los Ciegos, que trataremos, y los de cualquier otra casa toledana.

En este artículo exploramos la existencia de varias casas en un área que, aproximadamente, circunvalaba la catedral, y que han sido escasamente tratadas en la bibliografía disponible. Todas ellas pertenecían o tenían vinculación con la catedral y su mesa capitular o economía propia. En primer lugar, abordaremos las casas del Corral de los Ciegos, conocido antiguamente como Corral de Mohedi. A continuación, trataremos de un conjunto de casas del Baño del Cenizal, en el entorno de la plaza de Infantes, la calle del Alcahoz y la Bajada de los Azacanes, un conocido taller y almacén adscrito a la Obra y Fabrica con el número 2. Finalmente, nos referiremos a una casa situada frente al Pozo Amargo, que fue vivienda de Jorge Manuel Theotocópuli, el hijo de El Greco, en su etapa de maestro mayor de la catedral. Todas ellas son denominaciones que se usaron en tiempos pasados, y que, gracias a la documentación conservada, podemos identificar y, en algunos casos, situar en su lugar exacto.

1. Corral de Mohedi o Corral de los Ciegos. Calle del Melocotón, del Granado o Bajada de la Tripería.

Al oeste de la parroquia de los santos Justo y Pastor se localizaba el Corral de los Ciegos, un conjunto de casas que tenía su arraigo en las funciones de un almacén medieval. No hemos podido establecer el origen de esta denominación («de los Ciegos»), que aparece en la primera mitad del siglo XVII, pues, como comprobamos, otros nombres que tuvo el edificio vienen dados por los nombres de sus moradores y por las condiciones o circunstancias que lo rodeaban. Hay que advertir que este Corral de los Ciegos de San Justo, en plural, no debe confundirse con el llamado Corral del Ciego, situado en la colación de San Andrés, en el solar que en nuestros días ocupa el Seminario Mayor. Sea como fuere, es lógico pensar que la identificación popular de estos corrales esté relacionada con la ceguera de alguno de sus vecinos, ya que hay formas de nominación en el callejero que aluden a motes y peculiaridades personales.

Importa señalar que para la historiografía que hemos consultado, la ubicación exacta del Corral de los Ciegos era desconocida o vaga. A partir de la década de 1570 entra a vivir en estas casas Juan de Mohedi o Juan de Moedi, cuyo oficio era el de entallador, que afirma convivir con su esposa María de Velasco. Así se desprende del libro de Pose-

La plaza de San Justo a principios del siglo XX. Fuente: Blog *Toledo olvidado*.

siones del Refitor de 1575. Mohedi pagaba al propietario del corral, el cabildo de la catedral de Toledo, el importe anual de 15.986 maravedíes y 36 pares de gallinas. En 1584, el corral que ocupaba el escultor Mohedi pasa a ser alquilado a Juan de Talavera, tapicero. En este momento consta que se segregan varias dependencias de la finca y se admiten subarrendados, anotando las fuentes a ocho nuevos vecinos. Como sucedía con Mohedi, posiblemente por la proximidad y la adecuación del inmueble, también Juan de Talavera trabajaría al servicio de la Iglesia Catedral.

En el libro manuscrito del Archivo Municipal de Toledo (Vecindario y matrícula de las parroquias de Toledo, 1776-1778, signatura 147) se recogen las casas y vecinos de este trienio distribuidos por cuarteles. Este registro fue ampliamente utilizado por don Julio Porres en su *Historia de las calles de Toledo*, lo cual denota su importancia. Comprobamos que, a pesar de los muchos errores de seriación del libro original, el Corral de los Ciegos está numerado con el 1426 de cuartel y el 209 de parroquia.

En documentos menos conocidos se sitúa en el número 4 de la calle del Melocotón, y en fechas más cercanas a nosotros, también se ubica en una calle «frutal», esta vez en el callejón del Naranjo (1920). En una entrada de 1592 leemos claramente cómo en cuestión de pocos años, el Corral había cambiado de nombre, teniendo como referencia a sus ocupantes: «en la antigüedad Corral de Mohedi y ahora el Corral de los Ciegos». Con el título de esta edificación en San Justo debió de suceder algo similar a otros lugares antiguos denominados «corrales». Han llegado a nuestros días varios conjuntos todavía vivos como el recientemente restaurado Corral de Don Diego, el Corral de la Campana, el Corralillo y la Corraliza, referidos por Porres, o ejemplos menos conocidos como el Corral de Jaraba, el de Ondo, o el Corral Empedrado.

Corrales y mesones fueron solares de origen medieval que generaron vecindarios numerosos, normalmente a través de alquileres y subarrendamientos. Se trataba de un número de veci-

> *Corrales y mesones fueron solares de origen medieval que generaron vecindarios numerosos.*

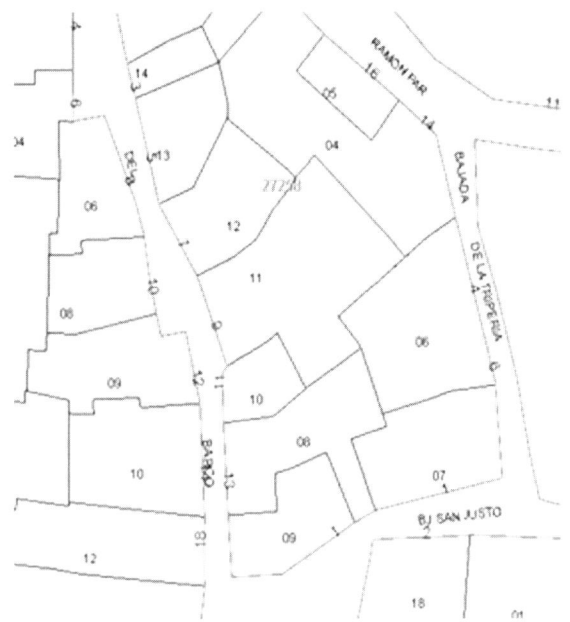

Figura 1. Plano catastral.

nos indeterminado, si bien todos ocupantes de una parcela única en departamentos individuales. La estructura principal del corral se alquilaba en nuevas unidades de habitación con el devenir de los tiempos y los cambios económicos, sociales y demográficos.

El Corral de los Ciegos, siempre estimado como una considerable casa de vecinos, se encontraba situado en sentido estricto en la calle de la Tripería, actualmente prolongación de la calle de Sixto Ramón Parro, en sus números 14 y 16. En este último vivió un escultor toledano Juan López Ballesteros en el siglo XX.

En un plano conservado en el Archivo de la Catedral de Toledo se advierten con claridad los linderos del corral y cómo han permanecido con el paso de los siglos. Si solapamos los límites del plano antiguo con las coordenadas catastrales actuales, se observa cómo coinciden unos con otros, dejando claro el posicionamiento en el entramado urbano de aquellos momentos y la exactitud del parcelado de antaño con el de nuestros días.

Figura 2. En unas escrituras de cesión de unas casas de las monjas Benitas Recoletas al Cabildo (año 1662) quedan claros los linderos de lo que sería el corral: *«Unas casas / principales en esta ciudad a la parro-/chia de Sn. Laurencio, en la calle / que*

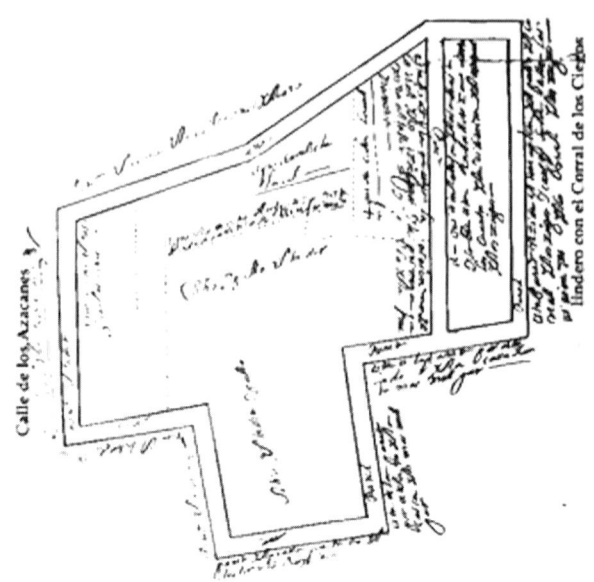

Figura 2.

baxa desde el varrio de la Tripería / a la plazuela del colegio de los Infantes / a la mano siniestra y las últimas / de dicha calle para entrar en dicha plazuela / que oy alinda con casa de los ilustrísimos // Señores Deán y Cabildo de dicha Santa y / glesia por la parte de abajo, y por la de / arriba con casas de los herederos de / Gerónimo de Espinosa, alarife de esta ciudad, / y Simón Téllez, maderero, y por las / espaldas con casas del Corral de los ciegos / que también son del Cabildo».

El hecho de englobar la escritura de traspaso de estas casas en el ámbito de la parroquia de San Lorenzo debió de ser un error, pues desde antiguo la zona estaba bien definida como perteneciente a la colación de San Justo y Pastor, como así continúa en el presente.

En varios libros de propiedades y alquileres del citado Archivo de la Catedral de Toledo se pueden comprobar los vecinos y las incidencias acaecidas en el dicho corral, como un incendio, que provocó el cambio total en su administración y ocupantes.

En los manuales de alquileres de casas del refitor conservados en el citado Archivo de la Catedral de Toledo, que se inician a mediados del siglo XVII, se denominaba la zona del corral bajo tres títulos distintos: San Justo, Corral de los Ciegos y La Calle. A partir del siglo XVIII, estas tres denominaciones se unificaron y pasaron a ser simplemente «casas en la parroquia de San Justo».

Si la casa tuvo su importancia, no menos debieron de tenerla sus inquilinos. Sus arrendatarios ya figuran en los libros de medidas de las casas de la catedral de finales del siglo XV como destacados artesanos y oficiales. Todavía en 1800 las casas del corral están asociadas a un inquilino de renombre, Bernabé Román, un gran comerciante del Toledo del momento, que sería recordado por mucho tiempo.

2. Baño del Cenizal

Sobre el Baño del Cenizal existe bastante literatura, desde los libros medievales de contabilidad de la catedral hasta Parro, Po-

La aportación que ofrecemos aquí es la identificación de una nueva casa bajo ese título de Baño del Cenizal.

rres o Jean Passini, pasando por los historiadores urbanos del siglo XVI como Pedro de Alcocer y Francisco de Pisa.

La aportación que ofrecemos aquí es la identificación de una nueva casa bajo ese título de Baño del Cenizal, la cual quizá era la más principal de todas ellas. Situada en el límite de las parroquias de San Justo y San Lorenzo, esta casa pertenecía propiamente a la jurisdicción de San Justo. Se localizaba bajando por la calle del Barco, llamada antiguamente de los Azacanes, hasta la plaza del Colegio de Infantes. El plano anterior número 2 nos puede servir para identificar la localización de esta casa del Cenizal, ya que uno de sus linderos indica ser colindante con las paredes «de la casa que ocupó el doctor Baile». Se trataría de la última casa de la calle bajando por el Barco y entrando a la plaza del colegio de Infantes, a mano izquierda.

En 1615, la casa estaba habi-

Portada del Colegio de Infantes desde la plaza. Fuente: Blog *Toledo olvidado*.

tada por don Gaspar Salgado. Todavía en el vecindario de 1778 se sigue conociendo esta casa como la que ocupó esta persona, Don Gaspar:

«Las casas al baño del Cenizal que tenía Don García Manrique, que le servían de accesorias en las casas principales que vacaron por su muerte se arrenda-

ron juntamente con ellas, que son las de las partidas siguientes: *las casas principales que tubo Don García Manrique, Tesorero y Canónigo, con las accesorias arriba referidas, tubo después Gerónimo de Ribera, canónigo, y el Señor Gerónimo Mejía de Gómara, canónigo, y Don Juan Carrillo, Canónigo, y últimamente el doctor Bolívar, canónigo; alindan unas con otras, y tiene tres puertas, que la principal y la de la accesoria están en una calle ancha o placeta que hace delante de la puerta del colegio de los Infantes, como suben a la de Santiuste* (San Justo), *y alindan con ellas por delante ambas, y por el lado de arriba con casas que fueron de Doña María de la Fuente, viuda de Luis de Miranda, que hoy posee el licenciado Espinosa Monteser, tributarias al Refitor de 3.000 maravedís en título de Alcaoz, y por el lado de abajo con casas de Fernando Váez, mercader, y por las espaldas con la calle y pasadizo del dicho Alcaoz, donde tienen la otra puerta falsa las dichas casas y por allí alindan con casas de Don Rodrigo de Vargas que reside en Madrid»*.

La posición de los linderos y las puertas de entrada, tanto la principal como la trasera, nos sitúan en posición, teniendo en cuenta que la que conocemos hoy como plaza del Colegio de Infantes, su fachada principal y su parte trasera es en la calle del Alcahoz, como se dice en el documento anterior.

En el libro manual de casas y posesiones del Refitor se contiene que *«las casas que tuvo el señor don Gaspar Salgado corren por cuenta de Diego Álvarez de Rojas por un año, desde 1º de septiembre de 1767, en precio quinientos y sesenta reales de vellón»*.

En el vecindario municipal de 1778 realizó su declaración para la contribución de utensilios Diego Álvarez de Rojas, que era mayordomo y agente del Hospital de Afuera, y que vivía con su esposa María San Román, sus hijos Agustín y Juana, su sobrino Lucio de la Peña y sus criados Paula García, María Martín y Manuel Fierro: *«Mi empleo es Mayordomo del Hospital de Afuera, y me vale doscientos ducados al año. Y cincuenta ducados que me dan en el Refitor. La casa es del Ilustrísimo Cavildo de esta Santa Iglesia Primada, a renta 570 reales, parroquiano de San Justo, y no tengo más ocupación. Lo que juro a Dios y a esta cruz ser verdad lo contenido, y por la verdad lo firmo. Toledo y Marzo 25 de 1778»*.

Valga este último testimonio para confirmar que esta casa es la misma que la del año 1615, y la misma que lo es en la actualidad.

3. Casas de Jorge Manuel Theotocópuli, frente al Pozo Amargo.

Esta tercera casa también del cabildo catedralicio ha sido fábrica de fideos, de harina y de chocolate. El inmueble está situado en la calle del Pozo Amargo, mirando al mismo pozo, y hace esquina con la llamada «calle del Mal Nombre» o calle del Ave María, por la que se va a san Andrés. Limitaba además con unas casas que eran propiedad del hospital de la Misericordia. En la actualidad todavía existe el azulejo que así lo indica (nº 10).

Hemos podido localizar varias referencias que permiten situar el lugar y afirmar que se trata de una casa que habitó Jorge Manuel Theotocópuli. No lo hizo durante mucho tiempo, pero unos pocos años después de su fallecimiento ya se daba su nombre como referencia de ella. Posteriormente, en el siglo XX, la casa era conocida como fábrica de fideos, y según la Comprobación del registro fiscal de la riqueza urbana, año 1912, conservada en el Archivo Histórico Provincial de Toledo, fue fábrica de pastas alimenticias y pertenecía a alguien apellidado Camarasa (quizá emparentado con el renombrado periodista).

La relevancia de la casa, sin embargo, se la da el haber sido la última morada en la que vivió el toledano Jorge Manuel Theotocopuli. En el libro de frutos y gastos de la Obra y Fábrica de la catedral de Toledo correspondiente a 1625, se dice que el salario del Maestro Mayor del templo, Toribio González, se pagó a sus herederos, es decir, que falleció ese año. Ese sueldo era de 20.000 maravedíes anuales, que se pagaban por tercios cada año, cada cuatro meses.

Ese mismo año de 1625, el 10 de marzo, se nombró como sucesor de González a Jorge Manuel, con un salario de 32.000 maravedíes, los que cobró en su nombre Juan Bautista Monegro, 24.000 como Maestro de Obras y 8.000 más como escultor. Por ello recibió 4.576 maravedíes por el primer tercio de 1625 y 10.666 por cada uno de los dos restantes.

A partir de estos datos que aparecen en los libros de Obra y Fábrica sabemos que Jorge Manuel vivió en esa casa entre 1625 y 1631, año en que falleció. En los llamados libros del Refitor apa-

Hemos podido localizar varias referencias que permiten situar el lugar y afirmar que se trata de una casa que habitó Jorge Manuel Theotocopouli.

rece el vecino que ocupa la casa, los linderos de la misma y los intervinientes en el contrato, y, por otra parte, los libros de alquileres de casas nos ofrecen los límites y superficie de estos inmuebles.

En 1634, la vivienda que había ocupado Jorge Manuel se alquiló a varios vecinos. La principal, que él había ocupado, se alquiló a Juan López Cabezuelo, una de las accesorias (que estaba en la calle que va a San Andrés) la alquiló un escribano de Toledo; otra accesoria, situada en la parte de abajo, que era una bóveda, la ocupó el sobrestante de la Catedral para guardar materiales, la accesoria del patio que estaba más abajo se la alquilaron al aguador Diego García y a su mujer, Dominga González, otra accesoria se alquiló a Mariana Mar-

tín, comadre, vecina de Toledo, y la última accesoria de las casas que tuvo Jorge Manuel era una taberna con caballeriza y puerta a la calle, que el 9 de abril de 1635 se alquiló al jurado Alonso de Cisneros.

Los libros sacramentales de la parroquia de San Andrés certifican que Jorge Manuel pasó sus últimos años en esa parroquia, en la casa que vivió de alquiler, y sus últimos eventos personales, ya que en esos libros están consignadas las velaciones del casamiento con su última esposa, el bautismo de su última hija y la certificación de su fallecimiento intestado, documentos suficientes para corroborar que el final de su vida lo pasó en este ámbito, dato no muy claro entre los historiadores de Toledo.

En el compromiso de arrendamiento hecho ante Gabriel de Morales, escribano público, el 30 de diciembre de 1625, y en el libro becerro de las casas de la catedral se anotan varios años (desde 1595 hasta 1817) y aparece el documento que se adjunta, que no deja dudas respecto a aportar todo lo hasta aquí escrito sobre la última morada en Toledo de Jorge Manuel Theotocópuli, hijo de El Greco.

Aparecen dos posibles verracos más en los muros de la iglesia de San Pedro de la Mata

ALEJANDRO VEGA MERINO

Estudiando los muchos detalles que esconden aún los enigmáticos muros de San Pedro de la Mata, saltó de nuevo la sorpresa al hallar entre el mampuesto lo que nos parece la talla de un verraco.

Se encuentra en la zona interior del muro que dicen fue parte del cenobio de monjas, a diez metros de otra figura descrita en el anterior artículo, que, pensamos, también puede pertenecer a otro suido, una intuición hasta que pueda ser estudiada a fondo.

La nueva figura encontrada está tallada en granito y embutida en el muro para no sobresalir de él. Mide un metro de longitud y 50 cm de altura. Aún conserva parte de la cabeza, la papada o morrillo y el arranque de las patas delanteras.

Tiene sesgadas las patas traseras y la parte superior del lomo

se encuentra rebajada hacia la mitad desde ambos extremos. Hasta ser estudiado en profundidad, nosotros pensamos que quizás pudo ser usado como pileta, o puede que alguien buscara un tesoro en su interior.

Esta figura haría la cuarta en este entorno, lo que corroboraría nuestro pensamiento sobre un antiguo asentamiento y descansadero de animales cerca de las laderas del norte de los Montes de Toledo. Ya los animales protohistóricos buscaban territorios con arroyos y encinas para su alimento y descanso en sus migraciones.

Pero esto no es todo, hay otra piedra de granito reutilizada que también pudo pertenecer al tronco de un robusto suido. Esta piedra forma parte del muro cabecero del ábside derecho de la iglesia y alcanza toda su anchura. Por lo que la podemos observar

desde dentro de la iglesia y desde fuera, la única diferencia es el color por la exposición al sol y a otras inclemencias del tiempo.

La parte superior está redondeada y la baja rebajada por su base, lo que nos recuerda a muchos otros verracos reaprovechados de diferentes formas en otros lugares de la Península Ibérica.

Este resto se encuentra justo al lado del toro estudiado en el primer artículo de la iglesia visigoda. Bajo ellos, a nivel del suelo, como referencia, se encuentra otra piedra donde se ve tallada una cruz (comentada anteriormente), quizás tallada al cristianizar el lugar para modificar su sentido religioso sin perder su esencia primigenia.

Los hallazgos de suidos (un toro y varios jabalíes) en este lugar nos hace pensar que fue paso importante de ganado al menos

desde el siglo IV a. C. en adelante. La Prehistoria comienza al final de la Edad del Hierro, y las figuras tienen allí un carácter mítico y sagrado. Más tarde, en época romana, sobre el siglo II d. C., se utilizaron como hitos funerarios. Y en época visigoda, como es el caso, se usaron con un sentido de culto y formaron parte constructiva de esta importante iglesia de paso entre el norte y el sur de los Montes de Toledo.

Estos antiguos vestigios demuestran que este lugar fue paradigmático con respecto a los verracos, superando a los hallados en Castillo de Bayuela en tierras también toledanas.

LA CRUZ, LA TIARA Y LA ESPADA
Una historia destrenzada de los papas

Montserrat Rico Góngora
Juan Carlos Losada Malvárez
Jaume Aymar Ragolta

Ficha técnica:
Título: La Cruz, la Tiara y la Espada (una historia destrenzada de los papas).
Autores: Montserrat Rico, Juan Carlos Losada, Carlos Aymar.
P.V.P.: 20 euros

La cruz, la tiara y la espada, una historia destrenzada de los papas parte de una obviedad: a lo largo de la historia los sumos pontífices se arrogaron títulos religiosos y políticos que reforzaron su autoridad espiritual y su poder temporal, y que consiguieron opacar su verdadera misión evangélica y desvirtuar su misión. Para corregir esta anomalía, a partir del Concilio Vaticano II, los papas han hecho gestos de retorno a los orígenes. Hoy el papa Francisco pretende volver a un sistema de gobierno humilde y sinodal.

El método del destrenzado pretende dilucidar los actos de gobierno que los papas hicieron como representantes de Jesús en la tierra, con fidelidad al Evangelio, para cumplir el mandato de amar al prójimo y encarnar el espíritu de las Bienaventuranzas. Símbolo: la cruz.

Pontífices del DOM (iniciales de Deo Optimo Máximo). Cuando en el año 380 el Imperio romano adoptó el cristianismo como religión oficial, muchos papas usaron estas siglas como emblema de su autoridad espiritual en los monumentos mandados edificar por ellos y el boato de sus comparecencias públicas. Símbolo: la tiara.

Sucesores del emperador: Tras la desaparición del Imperio romano, el pontífice se vio como la única fuerza capaz de aglutinar el poder religioso y político. Este poder político se ha perpetuado bajo diversas formas a lo largo de la historia hasta la actualidad. Símbolo: la espada.

Si está interesado en suscribirse a la revista **Cuatro calles**, por favor, rellene este formulario y háganoslo llegar por correo electrónico a ***info@editorial-ledoria.com*** o por correo postal a ***Editorial Ledoria, calle Fuente del Moro, 6, 45006, Toledo***

Nombre y apellidos / Entidad _____

Dirección _____

Código Postal _____

Localidad _____

Provincia _____

Correo electrónico _____

Teléfono _____

Deseo suscribirme a la revista **Cuatro calles** por un período de (marque con una **X** la opción elegida):

Suscripción 4 números por un total de 22 euros ☐

Números atrasados, 5 euros (indique cuáles) ☐ ☐ ☐

* Los gastos de envío están incluidos

El pago se realizará mediante ingreso o transferencia a la cuenta que le transmitiremos al recibir su solicitud o por Bizum.

En ningún caso se destinarán estos datos a otros fines que no sean los de recibir las publicaciones reseñadas, ni se entregarán a terceros, de acuerdo con los principios de protección de datos de la Ley Orgánica 15/1999 de 13 diciembre, de regulación del tratamiento automatizado de los datos de carácter personal.

Publicación del próximo número: A partir del 1 de diciembre de 2024